I0567120

DISCLAIMER

The author and publisher are providing this book and its contents on an "as is" basis and make no representations or warranties of any kind with respect to this book or its contents. The author and publisher disclaim all such representations and warranties, including but not limited to warranties of merchantability. In addition, the author and publisher do not represent or warrant that the information accessible via this book is accurate, complete, or current.

Except as specifically stated in this book, neither the author nor publisher, nor any authors, contributors, or other representatives will be liable for damages arising out of or in connection with the use of this book. This is a comprehensive limitation of liability that applies to all damages of any kind, including (without limitation) compensatory; direct, indirect, or consequential damages; loss of data, income, or profit; loss of or damage to property; and claims of third parties.

FIRST EDITION - Published 2022

Extra Graphic Material From: www.freepik.com
Thanks to: Alekksall, Starline, Pch.vector, Rawpixel.com, Vectorpocket, Dgim-studio, Upklyak, Macrovector, Stockgiu, Pikisuperstar & Freepik.com Designers

This Book Comes With Free Bonus Puzzles
Available Here:

BestActivityBooks.com/WSBONUS20

5 TIPS TO START!

1) HOW TO SOLVE

The Puzzles are in a Classic Format:

- Words are hidden without breaks (no spaces, dashes, ...)
- Orientation: Forward & Backward, Up & Down or in Diagonal (can be in both directions)
- Words can overlap or cross each other

2) ACTIVE LEARNING

To encourage learning actively, a space is provided next to each word to write down the translation. The **DICTIONARY** allows you to verify and expand your knowledge. You can look up and write down each translation, find the words in the Puzzle then add them to your vocabulary!

3) TAG YOUR WORDS

Have you tried using a tag system? For example, you could mark the words which have been difficult to find with a cross, the ones you loved with a star, new words with a triangle, rare words with a diamond and so on...

4) ORGANIZE YOUR LEARNING

We also offer a convenient **NOTEBOOK** at the end of this edition. Whether on vacation, travelling or at home, you can easily organize your new knowledge without needing a second notebook!

5) FINISHED?

Go to the bonus section: **MONSTER CHALLENGE** to find a free game offered at the end of this edition!

Want more fun and learning activities? It's **Fast and Simple!**
An entire Game Book Collection just **one click away!**

Find your next challenge at:

BestActivityBooks.com/MyNextWordSearch

Ready, Set... Go!

Did you know there are around 7,000 different languages in the world? Words are precious.

We love languages and have been working hard to make the highest quality books for you. Our ingredients?

A selection of indispensable learning themes, three big slices of fun, then we add a spoonful of difficult words and a pinch of rare ones. We serve them up with care and a maximum of delight so you can solve the best word games and have fun learning!

Your feedback is essential. You can be an active participant in the success of this book by leaving us a review. Tell us what you liked most in this edition!

Here is a short link which will take you to your order page.

BestBooksActivity.com/Review50

Thanks for your help and enjoy the Game!

Linguas Classics Team

1 - Antiques

```
M  W  E  G  H  A  C  H  I  K  Ọ  O  A  B
M  E  C  Ị  F  E  I  H  C  O  K  C  H  Q
N  A  A  D  Ị  G  H  Ị  D  S  P  D  A  V
O  E  B  Ụ  N  U  U  Ụ  B  T  I  Ụ  U  I  M
I  N  M  A  A  R  A  W  R  S  R  B  S  J
T  R  Y  K  R  U  M  K  A  I  Ụ  O  Ọ  F
C  V  U  A  N  Á  N  R  I  M  K  E  N  X
U  A  F  M  N  Q  O  H  R  Y  P  U  Ụ  Q
A  M  D  M  V  K  U  S  J  T  Ụ  J  A  L
D  M  G  Ị  J  M  Ọ  T  K  M  L  C  H  W
B  Ọ  R  D  L  F  Ọ  T  U  D  S  M  Ị  W
N  H  H  Ị  Y  Ọ  L  Ụ  A  Ị  R  A  A  L
D  C  Y  O  A  B  A  E  Z  I  O  K  W  U
X  Ị  C  H  Ụ  E  G  O  S  T  N  D  H  I
```

ART	ỊCHỤ EGO
AUCTION	ỌLA
EZIOKWU	OCHIE
NÁ NRI	ỌNỤ AHỊA
ỤWA	ỊDỊ MMA
ONYANKỌTA	MWEGHACHI
ỊCHỌ MMA	ỌKPỤRỤKPỤ
MAARA	ỤDỊ
ARỊA ỤLỌ	NA-ADỊGHỊ
OSISI	URU

2 - Food #1

```
T C M D A L A S Y O S Y G X
Ọ U J X K T R Y E R T S G Y
K E N R W B Ụ X L O R K A D
Ị V O A Ụ E F P R M Ọ U L X
R G M G K C H X A A B M I Y
P F A U W B V X B N E M K C
A A N S Ọ V D Q C K R I I Y
U G N S N A D K L Ị Ị R K D
D D I O R I L S B R C I X E
W G C A I A L G A Ị P A A F
B N O F E B U S S S C R Q P
Ị H E Ọ Ṅ Ụ Ṅ Ụ I Ị Q A O C
Y A B A S Ị W Ị L N N U K J
K A R Ọ T A T Ụ G H A R Ị Ị
```

APRỊKỌT	APỤTA
BARLEY	UBE
BASIL	SALAD
KARỌT	NNU
CINNAMON	OFE
GALIKI	AKWỤKWỌ NRI
IHE OṄỤṄỤ	STRỌBERỊ
OROMA NKỊRỊSỊ	SUGAR
MMIRI ARA	TUNA
YABASỊ	ATỤGHARỊ

3 - Exploration

```
A H R A A E Q W T N T I X O
U T A N N G G G W I J B R G
O K C Y Ụ R Ọ W Y S F E J H
Q K M A M Q V O U R Q P M E
W A W P A W X D P A B K D R
N U X U N G J J C V G M I E
L N J D Ụ R Ụ H Ọ B F W V A
A G U O B I I K E H O R Ụ M
L E A T X G O A Ị H Ọ U N A
A L A N C H Ọ P Ụ T A W Y B
N A E N W E T A A S U S U E
E B N C X O F C O Y R L G G
M G T U C A H G G E P C K H
O O T I I W B F W B L B H Ị
```

ỌRỤ   ASUSU
ANỤMANỤ   ỌHỤRỤ
OBI IKE   OKWU
OMENALA   OGHERE
MKPEBI   ALA
NCHỌPỤTA   NJEM
ANYA   AMABEGHỊ
NA-ENWETA   ANỤ ỌHỊA
EGWU AGWỤ

4 - Measurements

```
F B P E L M R P F K I B D D
G U Q O I M A C L I N N E E
L I B U Q S W S O L C K G C
O M I M I L F G S O H E R I
P G I A F C E T W G E J E M
C M Y R E T E M N R R I E A
E L P G I B U N A A V T X L
O Y B I N A K G S M M F H H
U L E Y A K I L O M E T E R
N V Q I T K L I T E R F V G
C P O H B E O O B O S A R A
E R E T E M I T T N E C H A
X J M N G X F P A A N O P U
K V O G O L O G O T O N X Y
```

BYTE	OGOLOGO
CENTTIMETER	LITER
DECIMAL	MASS
DEGREE	METER
OMIMI	NKEJI
GRAM	OUNCE
ELU	TON
INCH	MPIAKOTA
KILOGRAM	IBU
KILOMETER	OBOSARA

5 - Farm #2

```
C D N R I I H G H Q G W M L
G R D D V T U N P I Q Ụ M L
M K P Ụ R Ụ O S I S I W I A
B C C T K A B E N C K A R M
W A W L M K H S J T A N I A
S Ọ R D F Ọ P C S Q R W A G
Y E B L L P Q L R R Ị A R M
Y R B Ọ E F W R N O A A A I
Y M A Á G Y M I T T Y T A G
A T Ụ R Ụ W I H E C N Ụ O B
P I L N P R Ụ Y Q A W R N O
A N Ụ M A N Ụ K G R A Ụ I M
M V H K G T L J G T N A B F
I R R I G A T I O N Ụ K T D
```

ANỤMANỤ
BARLEY
BAN
ANỤ
ỌKA
ỌBỌGWỤ
NRI
MKPỤRỤ OSISI
IRRIGATION
NWA ATỤRỤ

LLAMA
ỤWA
MMIRI ARA
ORCHARD
KARỊA
ATỤRỤ
TRACTOR
IHE
IGBO

6 - Books

```
N E E E G C O R O S U C G B
S N N P M N N E J B H E V Q
O E O I A N Y T W G U R K A
G Y P C D E E R E H C E H I
B V H F V C N E G X V E G A
U F K P E Y A P K M Ị D A T
O D E E N A A T Ọ K N E K L
Ọ W X O T T G Ọ R Ụ S K W N
O K W U U Ọ Ụ B A A W Ụ Ụ O
U P Ụ Y R K B N A C D A K V
I W K K E O L D P P G C W E
A B Ụ G A P T À R V W F Ọ L
U J O E L K X I M I C L H D
G W F X H M L X V À M R T R
```

ADVENTURE	NKỌTA
ODEE	NOVEL
ÀMÀ	IHE
MKPOKỌTA	ABỤ
ỤWA ABỤỌ	ONYE NA-AGỤ
EPIC	DỊ MKPA
AKỤKỌ	USORO
ỌRỤ	NSOGBU
ECHERE	OKWU
AKWỤKWỌ	EDEERE

7 - Meditation

```
T U C H E P O S T U L N Ụ C
E E H C I H C E A O T K Y W
G G T A M M E T Ụ T A W Ọ O
O B W A K Q N T S D T U K C
T I A U G F K U D O A O Ọ U
C R M C T S U C M A B V S F
G D Ọ F H H Z P Q O A S E I
T G Ị F N I I V I M N C Y X
E N B A N J N B Y U N S Y T
L I O A I R Y K I M W V X P
Ọ M Ị M A K A C Ị E A F J B
W H T E K E L E C T Y K R D
L T N E M E V O M S Ị P T E
E K E E K E P T J U K P I R
```

NNABATA
NTỊ
TETA
ỤYOKỌ
ỌMỊMAKA
MMETỤTA
EKELE
OMUME
OBIỌMA
UCHE

MOVEMENT
EGWU
EKE EKE
UDO
NKWUO
POSTUL
GBACHI NKỊTỊ
NKUZI
ECHICHE

8 - Days and Months

```
T Y Y X S E P R G K K I Q O
K T O N V A A S R I M U S K
A P R I L K O T S U G U A T
D F L R A N Ị H C Ọ B Ụ T O
N O V E M B E R C F B T U B
E Y T B V M O N D A Y R R A
L U U M E Y Y F A W M A D L
A I E E Ị R A W Ụ N E J A D
K G S T R A D N N Ọ F W Y V
I O D P W U N J I Ị Z U A R
M T A E O R U K U H I P D G
J E Y S V B S T A L O I I C
T L E L B E Q R W F Y S R C
W T X R P F K C H C Y I F S
```

APRIL	ỌNWA
AUGUST	NOVEMBER
KALENDA	OKTOBA
FEBRUARY	SATURDAY
FRIDAY	SEPTEMBER
JENỤWARỊ	SUNDAY
JULY	ỤBỌCHỊ
MACH	TUESDAY
MEE	I IZU
MONDAY	AFỌ

9 - Energy

```
V E Q A W I K E E O S U L L
B I W J S S A L H K T K Q I
Q A N Q G W R E W P K O S M
H P T S R J B C M O L U F M
N Y C R A M O T M M E Z O A
S C D V Ị H N R M Ọ S U N N
O A R R Y O J O E K E I X Ụ
O S X B O L Q N T Ụ I K J Ụ
M O T O B G D V Ụ F D C V G
M U D N V T E R T X G N U B
C R A E L C U N A G J G H Ọ
I N J I Y M T U R B I N E A
N B A N Y E F U F I W X X L
E L E T R I K I S P C M C A
```

BATRỊ	HYDROGEN
KARBON	MOTO
DIESEL	NUCLEAR
ELETRIKI	FOTO
ELECTRON	MMETỤTA
INJI	UZUOKU
NBANYE	SUN
MMANỤ ỤGBỌALA	TURBINE
OKPOMỌKỤ	IFUFE

10 - Archeology

```
I Ọ K A C H A M A R A P V Ụ
L F P J N I V N U A C A I L
Ọ A U G D W O K Y I D T Y Ọ
M K G O N Y E N Y O C H A N
I I P D X K C T Ọ U E F S S
I H Y Ụ J R L I S S O F W Ọ
V E P R K E C H E F U R U R
N O B Ụ O P Y I F U D T J E
Y M B M O T Ụ H Ọ P M C O L
O U S M E N I E R S B U O I
C M R L T R B Y P D F F H C
H E O A Y N A E R E H G O S
A A M A B E G H Ị H Y K E U
J N N W A L E B I R E B I O
```

NYOCHA
ỌKPỤKPỤ
OGHERE ANYA
MỤRỤ
ERA
NNWALE
ỌKACHAMARA
ECHEFURU
FOSSIL
IBERIBE

IHE OMUME
IHE
PRỌFESỌ
RELIC
ONYE NYOCHA
OTU
ỤLỌ NSỌ
TOMB
AMABEGHỊ
AFỌ

11 - Food #2

```
P R A W L A V R U K T O V Ọ
U W T H V O Q O N H N J H K
G P Ị J E J S N E B A X B Ụ
M S C A I E A Y R E L E C K
D F H Q J A J N E E P G T Ọ
M P O N W H X Q N G G E R Ọ
C B K R G C B I R I G P U U
H R T N K Ị R E H C E V G U
I Ọ E O M H A P A K I S O P
N K L U M C S E W Z Y H Y Q
E Ọ Y E M A Y Q Q L Ụ P A G
K L V W A X T S I W Ị K E R
E Ị E R R C X O J H M U O A
C H O C O L A T E X E W Q P
```

APỤL   EGG
ATỊCHOK   EGGPLANT
UNERE   AZỤ
ACHỊCHA   GRAP
BRỌKỌLỊ   KIWI
CELERY   ERO
CHINEKE   OSIKAPA
CHERỊ   TOMATO
ỌKỤKỌ   IHE
CHOCOLATE   YOGURT

12 - Chemistry

```
I  Q  L  X  T  Y  X  R  B  S  J  E  L  E
K  D  Y  H  Y  D  R  O  G  E  N  N  M  L
A  O  X  Y  G  E  N  I  B  S  I  I  X  E
B  C  X  K  N  V  K  I  N  A  G  R  O  C
I  K  I  M  O  T  A  I  T  W  D  O  G  T
M  Y  Y  D  V  E  R  B  L  C  D  L  I  R
E  M  M  M  J  F  B  U  G  A  S  H  L  O
M  Q  I  F  O  K  O  B  N  H  T  C  W  N
Y  H  M  R  H  L  N  Ọ  K  W  U  T  A  Q
Z  W  B  R  I  V  E  U  Y  G  N  T  W  G
N  U  C  L  E  A  R  K  Y  G  N  K  J  O
E  N  I  L  A  K  L  A  U  U  F  R  N  T
M  Y  Ọ  L  A  A  A  R  S  L  W  B  N  E
M  W  A  I  O  N  O  K  P  O  M  Ọ  K  Ụ
```

ACID	ION
ALKALINE	MMIRI
ATOMIKI	ỌLA
KARBON	MOLEKUL
ỌKWUTA	NUCLEAR
CHLORINE	ORGANIK
ELECTRON	OXYGEN
ENZYME	NNU
GAS	OKPOMỌKỤ
HYDROGEN	IBU

13 - Music

```
Y N O M R A H D F Y O A A O
M D G P N G W A N G W A E W
T T I P E R E L E Y V O W V
A E K K O R A L K O R U S M
T W M U B L A A K Q U I E A
P T H P J W A B X V K X B B
I U W K O O N Y E A B Ụ Ọ Ụ
R H Y T H M I C X Q W S W D
J E G W U F H P H K P H C Q
G F A W U Q E T A F P V H C
H A R M O N I C Y U Q P U A
I G W E I G W E U H I S U F
Q K S K L A A S Ị E R O W C
D I V A V E D E K Ọ A A N F
```

ALBUM
BALLAD
KORUS
KLAASỊ
HARMONIC
HARMONY
NGWA NGWA
EGWU
IGWE IGWE

OPERA
EDEKỌ
RHYTHM
RHYTHMIC
ABỤ
ONYE ABỤỌ
TEMPO
OKWU

14 - Family

```
Ụ  B  P  W  S  V  N  H  X  N  E  P  E  M
M  G  K  V  K  V  E  N  Q  W  E  O  J  E
Ụ  S  F  M  O  O  I  J  A  A  C  C  D  D
A  O  F  W  O  C  J  P  I  W  C  L  G  V
K  F  M  O  L  V  Q  V  S  M  N  F  D  F
A  S  I  S  T  E  R  A  D  A  A  A  B  X
N  A  T  N  C  D  I  G  J  X  C  W  C
N  N  E  N  N  E  N  A  W  N  A  W  N
A  O  G  L  Y  I  V  W  Q  C  N  V  B  A
N  N  W  A  N  N  E  G  C  F  E  O  D  W
N  X  N  W  A  N  N  E  N  N  A  C  N  I
S  V  V  Q  Y  T  C  X  W  Q  V  R  F  O
P  N  Y  N  N  W  U  N  Y  E  V  X  N  Q
E  T  T  E  W  E  V  F  V  H  Y  L  R  A
```

NNA NNA	DI
ANT	NNE
NWANNE	NWA NWANNE
NWA	NIECE
ỤMỤAKA	NNA
NWANNE NNA	SISTER
ADA	EJIMA
NNE NNE	NWUNYE
NWA NWA	

15 - Farm #1

```
B J O K B O C I P J Ọ S V A
A H S R A K U A U S R C B Ụ
S Y I N A Y J T L V Ụ Q F G
N Y K N W P F Ị S F U W E B
O O A Ị O U P K V M G Ụ F A
S G P N E H I N R M B Ṅ E D
I E A Y N Ị Y N Ị I O A R H
B Y M Ị B G I T D R Q Ụ T S
L E V N J R Ọ D N I N N I G
B U E Y A H K C A A T A L D
U P R A Y W Ụ R Ụ P K M I K
C B M I K C K W N X N M Z N
C D X B G A Ọ V S N P J E P
B P X U J J D Q K P E C R F
```

ỌRỤ UGBO	NWU
BEE	FERTILIZER
BISON	OGE
CALF	EWU
CAAT	HAY
ỌKỤKỌ	MMANỤ AṄỤ
EHI	ỊNYỊNYA
ỤGBA	OSIKAPA
NKỊTA	MKPỤRỤ
ỊNYỊNYA IBU	MMIRI

16 - Camping

```
N S G C L S O D I X C A X K
P E F I M C N S G E O N A C
A Ị C H U N T A B W M Ụ O O
M D S W S D E V O H P M S M
E G V X F U N K R B A A I M
L N G E H C B A E Q S N S A
C E Q C N I B A C E S Ụ I H
O K P U U T N Ọ L Ụ K Ọ M P
D S Q Ọ S E U W G U O E B O
I C G D N V I R I M M Ọ D Ọ
D X H Ụ M W X B E H O H Y W
C Ị H G Ụ H A I J U K T A V
O V G J L B E H S X H Q I R
T D L O S E W E P V B C B F
```

ADVENTURE	ỊCHU NTA
ANỤMANỤ	AHỤGHỊ
CABIN	ỌDỌ MMIRI
CANOE	MAP
COMPASS	ỌNWA
ỌKỤ	OUGWU
IGBO	EKE EKE
FUN	ỤDỌ
HAMMOCK	ỤLỌ NTU
OKPU	OSISI

17 - Algebra

```
I  R  E  K  N  Ọ  W  K  Ụ  W  K  A  N  L
N  N  K  E  W  A  X  E  V  C  Ụ  K  G  I
M  S  A  A  K  A  O  S  I  B  G  Ụ  W  N
C  G  O  P  W  V  Y  K  H  G  Ụ  K  Ọ  E
T  N  B  G  W  W  O  W  E  A  G  Ọ  T  A
M  F  E  A  B  K  W  Ụ  K  W  Ọ  T  A  R
B  V  A  T  N  U  E  X  T  M  Ụ  A  N  H
O  U  S  A  N  W  T  S  N  I  N  Z  Ọ  F
T  T  V  L  L  B  E  O  E  H  Ọ  E  M  O
U  K  M  E  Ụ  G  H  A  N  R  H  R  B  R
M  W  A  B  S  M  H  Y  O  N  E  O  A  M
V  H  K  M  R  I  A  I  P  B  V  S  H  U
E  Q  U  A  T  I  O  N  X  R  C  T  E  L
M  A  T  R  I  X  I  S  E  H  E  Y  M  A
```

ESERESE   NỌMBA
NKEWA   AKWỤKWỌ NKE
EQUATION   NSOGBU
EXPONENT   ỌNỤỌGỤGỤ
IHE   MFE
ỤGHA   NGWỌTA
FORMULA   KWỤKWỌ
AKỤKỌTA   MBELATA
LINEAR   MGBANWE
MATRIX   ZERO

18 - Numbers

```
G  I  R  I  N  A  A  S  A  T  Ọ  A  U  I
A  V  E  H  S  J  A  X  B  V  L  B  T  R
P  U  S  L  Y  Ọ  B  E  K  P  W  Ụ  W  I
H  W  I  F  D  X  Ụ  O  G  I  Y  Ọ  T  N
M  Y  A  P  W  J  A  B  W  F  C  D  N  A
I  F  N  L  S  X  I  M  A  M  O  Y  F  I
I  R  I  N  A  A  S  A  A  I  I  R  I  T
S  A  R  U  L  O  O  T  I  S  R  Y  D  O
I  R  I  N  A  A  B  Ụ  Ọ  E  I  I  E  L
A  T  O  A  R  O  N  J  J  P  N  N  C  U
A  K  W  Ụ  K  W  Ọ  P  V  L  A  S  I  A
I  R  I  N  A  I  S  I  I  L  A  A  M  S
S  P  V  X  B  S  S  N  D  U  T  O  A  A
I  R  I  N  A  A  N  Ọ  F  B  Ọ  K  L  A
```

DECIMAL	ASAA
AKWỤKWỌ	IRI NA ASAA
IRI NA ASATỌ	ISII
IRI NA ISE	IRI NA ISII
ISE	IRI
ANU	IRI NA ATỌ
IRI NA ANỌ	ATO
ITOOLU	IRI NA ABỤỌ
IRI NA ITOLU	IRI ABỤỌ
OTU	ABỤỌ

19 - Spices

```
O X Y E M Y C D N E U F B W
X V H J G A C U N N A V C B
A O T L E B M O M A D R A C
W K K J N A K I K I L A G L
A N I S Ọ S F G G D N E T C
C U R R Y Ị Q Ọ R J S F F L
C F E S P G N U T M E G E O
I E D A T A K F P Ụ C K N V
N N N F X J P Q E N I G N E
N G A F M E B K R E R U E M
A R I R G I N G E R O N L U
M E R O Y O V O P J C V E M
O E O N C E A G V W I M Q O
N K C V A N I L L A L X T M
```

ANISỌ
OMUME
CARDAMOM
CINNAMON
CLOVE
CORIANDER
CUMIN
CURRY
FENNEL
FENGREEK

ỤTỌ
GALIKI
GINGER
LICORICE
NUTMEG
YABASỊ
PAPRIKA
SAFFRON
NNU
VANILLA

20 - Universe

```
C E L E S T I A L C L G H W
Z L T X L N K I T F J A E S
O D R O T A U Q E A S L M O
D B U W L N T I B R O A I L
I E A W N O A I U C Q X S S
A B P X N L S S T L K Y P T
C T U J L A K N T U M K H I
B T T I W X Y V P E D J E C
N M A D H E B N H F R E R E
C O S M I C Q S A U X O E C
Q I I I S H O R I Z O N I Y
T E L E S C O P E U H E M D
L O N G I T U D E L C M G J
O C H I C H I R I P Q K Y H
```

ASTEROID   LONGITUDE
CELESTIAL   ONWA
COSMIC   ORBIT
OCHICHIRI   SKY
EQUATOR   ANYANWU
GALAXY   SOLSTICE
HEMISPHERE   TELESCOPE
HORIZON   APUTA
LATITUDE   ZODIAC

21 - Mammals

```
E A T Ụ R Ụ O W B L V Ọ K L
B N T Y S F B N O A Q D O V
E I Y B I O I I O L H Ụ K G
A N X Í U X Y H A L F M E M
V C P W J S O P T I O B E O
E L A W I U E L Ị R Z G H H
R J E N W E K O K O E H I L
R L O Y R J O D N G B N N Q
K A N G A R O O U R R N N E
B L C O Y O T E N E A X V K
P G Y T H L A G I R A F F E
W T J T W T A Y N Ị Y N Ị U
O V G L U T C Y K U M S V M
A B A E L P T X A B J B M N
```

BIA	GORILLA
BEAVER	ỊNYỊNYA
OKE EHI	KANGAROO
CAAT	ỌDỤM
COYOTE	ENWE
NKỊTA	OKE OYIBO
DOLPHIN	ATỤRỤ
ENYÍ	WALE
FOX	WOLF
GIRAFFE	ZEBRA

22 - Fishing

```
G I L L S F M P B K L B Ọ I
F M Y S H Q F M H W G A D K
Y P E Y N K Ị Y I M O S Ọ V
B I Q T G D T N C R M K M I
I Ụ G B Ọ M M I R I I E M G
F B S L S P A I O D E T I S
N Y U G S P L T N G W A R C
O C E A N J B L N I A Q I K
B E A C H B C R J Q H W C I
W F H C H H C D O G E J A W
N K W U K Ọ R Ị T A I M M V
A I O R K O C G E I H U I K
N D I Y F L D Y G E A D W H
E B R K S F X N K O Q B D S
```

BAIT	JAW
BASKET	ỌDỌ MMIRI
BEACH	OCEAN
ỤGBỌ MMIRI	NDI
SITE	OMIYỊ
NGWA	OGE
NKWUKỌRỊTA	MMIRI
GILLS	IBU
NKO	

23 - Restaurant #1

```
I X N W C S X Ọ Ọ Z A R A Ụ
R B A X O S W K O N H B W L
N A P K I N M Ụ U M C B K Ọ
L H A M D L V K M X Ị G O E
K Ọ F Ị E Q G Ọ M G H Y D K
E F E R E N O X M B C T N W
P K J J R Q U F A Q A L U U
P G U N E R E H C E G Q O S
H F X B F S R R R A V M Y Y
S A U C E N S M N G N K L H
U D R O F N P Y U R Ụ B I G
U W Y Y A F F F Q P V W S E
N K O P R N Q U K U R M A I
O S E O S E Ụ B X E A K F V
```

AFEFE	MMA
ỤWA	ANỤ
ACHỊCHA	MENU
ỌKỤKỌ	NAPKIN
KỌFỊ	NDOKWA
ỌZARA	SAUCE
NRI	OSEOSE
EFERE	ECHERE
ỤLỌ EKWU	

24 - Bees

```
L Q Y M K S G N I W Y E P H
V U Ị A U W S L M L R C H N
S E H I X A W O O K O O K O
U E G U R R V K G C T S I X
N N Ụ S E M H S R E A Y C P
N S H V P O L L E N N S H N
M M A N Ụ A Ṅ Ụ Q O I T E R
P X B U B B J K W H L E I I
Q C U A R O H F A N L M C S
E F G U R U F I J V O X H I
T W P Y D A R X V E P I E S
I V U T W A U I I T X J X O
B I S I S O Ụ R Ụ P K M G H
X K Y R B A X D U X Q T F I
```

BARA URU	AHỤGHỊ
OKOOKO	OSISI
ICHE ICHE	POLLEN
ECOSYSTEM	POLLINATOR
IFURU	QUEEN
NRI	SWU
MKPỤRỤ OSISI	SUN
OGE	SWARM
HIV	WAX
MMANỤ AṄỤ	WINGS

25 - Photography

```
U N P W O N R S N J M Ọ Ọ I
B U G T H J F R A M E D C G
U W K O I S I F W N S Ị H W
A T X I S Q L I Ọ C E Ị Ị E
W W C K J I V O K H R C C F
Ọ K Ụ Q T R P R N M E H H O
E D E R E D E Ụ B J S E Ị T
H U E L Q O W N T E E O R O
I T L T T U T T S A P A Ị S
Q U N I J V V A Y N A O C R
N K W U O H F M A R G J N J
J L D G T P P R G H B N I V
I W A A V Q B O S B A Y L C
O N Y I N Y O F B N E F K E
```

OJI	FRAME
IGWEFOTO	ỌKỤ
AGBA	IHE
MGBE	NKWUO
ỌDỊICHE	ESERESE
ỌCHỊCHỊRỊ	ONYINYO
NKỌWA	ISIOKWU
NGOSIPỤTA	EDEREDE
FORMAT	ANYA

26 - Sports

```
N K M Ụ L Ọ Ọ B Ụ L Ọ Ọ B O
I G O O J Q C X J Q E O A N
T G Q T V W W L X J G N S Y
U T O T Y E K C O H W Y E E
W L S U X W M G A S U E B N
G W W H A G U E M C R M A K
E O F R Y I I M N I E M L U
R G L M M A S F V T G E L Z
E B B F U Y A T G S W R H I
F V K S I N N E T A U I U L
E H V D D Ị M M V N E E Y P
R B S D A Y Y I P M Ọ S Ọ T
E B C T T N G S V Y G I I I
I J E G S Ị Y H S G M F G J
```

EGWU
BASEBALL
BỌỌLỤ BỌỌLỤ
ỊNYỊNYA IGWE
ỌSỌMPI
ONYE NKUZI
EGWUREGWU
GOLF
GYMNASIUM

GYMNASTICS
HOCKEY
MOVEMENT
REFEREI
STADIUM
OTU
TENNIS
ONYE MMERI

27 - Weather

```
E  H  A  F  I  A  J  Ụ  J  Ụ  B  T  R  A
R  G  D  O  I  M  O  N  S  O  O  N  I  H
E  K  B  G  J  U  W  G  U  R  U  W  G  E
H  I  Q  È  O  P  D  O  V  A  T  U  F  C
P  X  C  Q  E  M  I  X  D  L  À  N  P  P
S  X  R  E  W  L  O  K  P  O  M  Ọ  K  Ụ
O  P  R  D  G  Q  U  S  M  P  Ụ  K  M  A
M  I  S  D  I  I  T  I  R  X  M  Ọ  K  P
T  G  Ụ  K  W  U  H  B  G  K  À  Y  K  S
A  B  O  D  B  X  A  U  K  W  J  Ụ  I  R
U  O  B  V  A  X  K  E  I  K  E  J  F  K
I  K  U  U  M  E  Ọ  H  C  G  X  L  U  Y
G  E  O  D  A  N  R  O  T  L  W  I  F  W
D  K  X  O  Q  G  Ọ  N  C  U  L  E  E  P
```

ATMOSPHERE	ÀMỤMÀ
IKU UME	MONSOON
ỤYỌKỌ	POLAR
IHU IGWE	EGWURUGWU
IGWE OJII	SKY
ỤKWU	IGBO
AKỌRỌ	OKPOMỌKỤ
FOG	EGBÈ ELUIGWE
AJỤJỤ	TORNADO
ICE	IFUFE

28 - Adventure

```
B K L L I F F L N N I J U N
C E B E Q V Y D A H L E K A
M F V Y M I O O V A E G E A
N K W A D E B E I Z W W L D
L D L W M V H K G I X U C Ị
P B J K C N C E A U M U Y G
N H O E Ị D S E T S W K J H
O A S H G M O K I O Y Y Y Ị
N H X C N N A E O R N M I Ụ
S S E N A T U M N O J Q L R
O F F R Ọ C U Q M O E Ọ R Ụ
G A B Y E Ṅ L J J A M J F H
B M D E V N Ụ F B E N Y I Ọ
U V P B C G E R Y R B I N E
```

ỌRỤ	ỌṄỤ
ỊMA MMA	EKE EKE
OHERE	NAVIGATION
EGWU	ỌHỤRỤ
EBE	NKWADEBE
NSOGBU	NCHEKWA
NMUTA	IJU
ENYI	NJEM
NHAZI USORO	NA-ADỊGHỊ

29 - Circus

```
C  P  T  C  Q  P  K  J  Q  T  C  L  T  D
Ọ  H  A  A  W  E  A  H  U  X  A  P  I  C
H  R  B  R  U  L  L  N  Y  G  A  H  G  G
G  G  O  P  A  K  F  U  W  V  G  P  E  F
Ụ  O  R  X  P  D  G  Ọ  Q  A  U  L  R  R
H  S  C  G  N  B  E  W  N  E  N  H  E  E
G  I  A  E  G  W  U  K  K  M  Y  Y  W  R
A  N  Ụ  M  A  N  Ụ  U  R  Ụ  P  Ụ  I  Q
T  I  K  E  T  I  B  W  M  D  H  L  T  V
D  I  L  L  I  Y  D  K  E  Ọ  V  Ọ  I  F
O  W  U  B  E  C  T  A  N  K  O  N  I  S
N  T  Ụ  R  Ụ  N  D  Ụ  Y  Y  V  T  W  A
B  A  L  L  O  O  N  S  Í  S  C  U  S  X
D  B  H  W  P  P  F  P  L  W  Y  Q  L  H
```

ACROBAT	ANWANYI
ANỤMANỤ	ENWE
BALLOONS	EGWU
SWIITI	PARADE
OWU	GOSI
AKWỤKWỌ	PỤRỤ
ENYÍ	ỤLỌ NTU
NTỤRỤNDỤ	TIKETI
JUGGLER	TIGER
ỌDỤM	AGHỤGHỌ

30 - Restaurant #2

```
P M S E M I J A G N V B K F
A K Ụ A Q C O C H E X Q J L
N R Ị Z O E I H I H E I R N
A O L Ụ C J F N R D Q R N Y
A F A G C S A O L D F N K G
T O B M M I R I S H B Ọ N I
Ọ C A G X B X R S U F W L U
Ụ I I S I S O Ụ R Ụ P K M X
T N R J F H H S T K D Ụ M R
Ọ Q N F X H R Y A P E W U H
M A E H B H R N I L D K N W
V I G X M S Q P U C A A F U
G A L C Q F O S E S C D P T
A C H Ị C H A S M C I S Q N
```

ACHỊCHA
OCHE
NA-ATỌ ỤTỌ
NRI ABALỊ
AKỤ
AZỤ
FORK
MKPỤRỤ OSISI
ICE

NRI EHIHIE
SALAD
NNU
OFE
OSE
NGAJI
AKWỤKWỌ NRI
MMIRI

31 - Geology

```
C C Ọ D O N Q P J K N P G M
V A K K L N C S R W K L E I
O Y L Ọ Ụ U M X P P U A Y N
L F I C N K A C I D M T S E
C D S P I T W K U H E E E R
A Q S O I U I U X O Q A R A
N B O W S P M N O D F U C L
O T F M Y X P N E M L K A K
V G D M O L T E N N A O V M
H T E T I T C A L A T S E H
L A V A X P T R B O S I R E
N V D C O R A L L K I I N S
M K P Ọ S A M G Z T R A U Q
T W E I R I K I R I K O B P
```

ACID	LAVA
CALCIUM	OKIRIKIRI
CAVERN	MINERAL
KỌNTINENTI	MOLTEN
CORAL	PLATEAU
KRISTAL	QUARTZ
ỌKỤKWUO	NNU
MKPỌSA	STALACTITE
FOSSIL	NKUME
GEYSER	VOLCANO

32 - House

```
O R I Ọ N A V O F S J N W I
N T K L P Ọ L Ụ A Ị R A I M
Ọ N Ụ Ụ Z Ọ V A S L U C N E
W E E U A P T D H M Y P D Ụ
K M F L S F X A R X D R O L
Ụ E Q E U A T T I C T E W Ọ
W S M N E D I Y Y L Y S E U
K A I X I G O D O T Y P M R
A B C H U A O D Q R R T M I
Ọ W K Ụ W K A N E B E Ọ K Ụ
L V I M G I Q Y W R D L E M
Ụ Q P K E R Ọ Z Ọ U U C N A
H R S M G B Ị D I W B K Y Q
H F S Y S Ụ L Ọ E K W U O D
```

ATTIC	IGODO
BASEMENT	ỤLỌ EKWU
AKWỤKWỌ	ORIỌNA
ỌNỤ ỤZỌ	ỤLỌ AKWỤKWỌ
NWU	ENYO
EBE ỌKỤ	N'ELU ỤLỌ
ALA	IME ỤLỌ
ARỊA ỤLỌ	ỌZỌ
EGWU	MGBIDI
OGE	WINDOW

33 - Physics

```
U A R U U C D C C B P H N Ọ
G B U S W N H V O X I V U G
B V T O K A I E D Y J J C B
O M C R O L V V M G A S L A
R V J O C U P V E I L I E G
O M H L H K L D U R C B A H
U M S I T E N G A M S A R A
G E Y A M L I N J I U A L R
B T M A L O Ọ S Ọ Ọ S Ọ L A
O Ụ A B X M E L E C T R O N
R T S O I H E B A Ị B Ụ L X
O A S G B C F Ọ S Ọ A T O M
N Y E W T W H W S M W M Y I
L A L U M R O F D X Y N D I
```

OGWU	MAGNETISM
ATOM	MASS
ỌGBAGHARA	USORO
CHEMICAL	MOLEKUL
OKWU	NUCLEAR
ELECTRON	IHE BAỊBỤL
INJI	MMETỤTA
FORMULA	ỌSỌ
UGBORO UGBORO	UNIVERSAL
GAS	ỌSỌ ỌSỌ

34 - Colors

```
O G W A A Z U R E L P R U P
I C R V I O L E T I D K S U
C L H E O R O M A M X N U S
Y O R A E U H I E B E I G E
A D T T E N O Y S F E P D Y
N O X N O F M W M C N N S C
Y J G E F U C H S I A K K O
Q I T G A G B A A J A A J A
F H A A R U J X X T K N G K
N V O M L T E I I V F J U J
A W G N A K L S B T B H X I
Q O U R J A R H K Y J S B N
A F M V A S E P I A F U D S
D T U O Q Y M O A Q F Q I M
```

AZURE
BEIGE
OJI
AGBA AJA AJA
CYAN
FUCHSIA
GREEN
GRAY
MAGENTA

OROMA
PINK
PURPLE
UHIE
SEPIA
VIOLET
OCHA
ODO

35 - Shapes

```
T R I A N G L E B J C C M R
P O L Y G O N R J M U L U V
P A U R U B G U R U B G L W
Y Q F O C E M F S Q E N O C
R V Y C J A L X M I N N B C
A N F E L G N A T E R U I T
M R S A D J O G E Y V K U L
I W Q I P G N K U K U U E B
D F U P V L E A K W U K W O
O L A V O A M S I R P A H J
S C R A L O B R E P Y H Y T
I D E S P I L L E W I P T S
B X C Q V C K T G N N H S S
C R C G H G C Y L I N D E R
```

ARC	LINE
OGE	OVAL
CONE	POLYGON
NKUKU	PRISM
CUBE	PYRAMID
AKWUKWO	RETANGLE
CYLINDER	GBURUGBURU
EDGES	AKUKU
ELLIPSE	SQUARE
HYPERBOLA	TRIANGLE

36 - Scientific Disciplines

```
Q N G Y F A P N B X U M X C
Q D I A N N O H R H O X R H
U Ụ X A F A N V Y I R W B E
S N U Q C T T Y P S N W B M
O D S Y G O L O C E I R H I
R Ụ U X P M E P B O I C I S
O R E W G I U H I E H I S T
A S U S U Z O L O G Y Q G R
K I N E S I O L O G Y Q E Y
I W R O B O T I C S O J O E
P S Y C H O L O G Y K K L G
B I O C H E M I S T R Y O Y
I M M U N O L O G Y M O G R
Ụ K Ọ R Ụ N W A X F D F Y X
```

ANATOMI	ASUSU
BIOCHEMISTRY	USORO
NDỤ NDỤ	IHE IHU IGWE
BOTANY	ỤKỌRỤ NWA
CHEMISTRY	NRI NRI
ECOLOGY	PHYSICS
GEOLOGY	PSYCHOLOGY
IMMUNOLOGY	ROBOTICS
KINESIOLOGY	ZOLOGY

37 - Science

```
K  I  V  D  P  M  J  P  C  W  P  E  P  E
L  Ụ  B  Ị  A  B  E  H  I  B  D  K  A  K
Y  E  L  A  W  N  N  Y  Y  W  W  W  M  E
I  H  U  I  G  W  E  S  B  B  N  U  V  X
F  W  K  W  R  O  M  I  Y  Q  H  O  Z  U
P  W  E  T  K  J  C  C  R  D  K  K  V  I
I  R  L  A  C  O  O  S  F  X  F  W  P  M
P  B  O  J  B  X  I  S  R  G  K  U  U  C
T  B  M  O  T  A  B  Z  E  K  E  E  K  E
F  O  S  S  I  L  A  R  E  N  I  M  K  X
B  X  V  W  Y  A  T  O  S  I  S  I  I  V
C  V  J  E  F  L  A  C  I  M  E  H  C  K
H  D  V  O  Y  Y  D  S  H  V  V  Q  N  Q
H  J  H  E  V  O  L  U  T  I  O  N  V  G
```

ATOM	EKWU OKWU
CHEMICAL	UZO
IHU IGWE	MINERAL
DATA	MOLEKUL
EVOLUTION	EKE EKE
NNWALE	IHE BAỊBỤL
EZIOKWU	PHYSICS
FOSSIL	OSISI

38 - Beauty

```
C D N E P N Q N Q P Y S Y F
M U A B G A H O O G F H G L
A J R T E C H A A Ụ N A M M
R W A L L A T H V Ụ H M X S
A C M I S I I S I N W P Ọ I
N C A Ị C H Ọ M M A Ọ O M S
M V A X O F F P S Ọ R O A S
N A A D T O O L O P Ụ Y S O
J X S E K T F D N K B N T R
N M O C K O M F W Ụ D E Y S
E T H O A P B U P P E N L R
W X O O T R E H S K N M I R
G T D N N R A R A A M K S W
N G W A A H Ị A E D E G T R
```

MARA	MASCARA
AGBA	ENYO
ỊCHỌ MMA	MMANỤ
CURLS	FOTO
ỌMA	NGWAAHỊA
MAARA	SISSORS
ISI ISI	ỌRỤ
AMARA	SHAMPOO
EKPERE	AKPỤKPỌ ANỤ
TECHAA	STYLIST

39 - Clothes

```
O L T E R K J M H V I J G S
Q K I S C I A H G I A G W P
V P P K E H C J B B O Y V F
L F I U Y C K X C N A E J E
R W E V L U E N U S L A D O
W R M P S P T L E B O P K N
U L O U W K O P K J A N P A
E S C M V M I F K U L R A Y
M I J A F E H R V X P U J G
A P R O N W C A T E A W A L
D K X V B U U C O J N E M O
U W E E L U P S K I T Y A V
M V U A C M K A K J S J S E
H F R M W U M R W I D F J S
```

APRON	JACKET
BELT	JEAN
MKPUCHI	ỌLA
MGBAAKA	OKWU OLU
UWE MKPUCHI	PAJAMAS
UWE	PANTS
EJIJI	SCARF
GLOVES	UWE ELU
OKPU	SKIRT

40 - Ethics

```
O L S H Ọ M Ị M A K A Y X N
M K N D J W Ẹ Z I U C H E K
C E W D W Y Y F T R R E L W
D K X U I X E R C P V U O U
X P U L O N D Ị M M A D Ụ K
D E U K M K E Z I O K W U W
A R A P B I W J S R S R D U
Q E P O G N S U D E N A B Y
M D I P L O M A T I C M I P
Ị S Ọ P Ụ R Ụ R X Y M A A D
X M K N M M A D Ụ S A M W Q
A L T R U I S M V M V I X R
T V R O B I Ọ M A Q V H Y D
N K W E K Ọ R Ị T A Q E X T
```

ALTRUISM   OBIỌMA
ỌMỊMAKA   OKWU OKWU
NKWUKWU   NDI
ỊSỌPỤRỤ   EZI UCHE
DIPLOMATIC   EKPERE
MMADỤ   NKWEKỌRỊTA
NDỊ MMADỤ   URU
EZIOKWU   AMAMIHE

41 - Insects

```
C I C A D A L A D Y B U G D
M O S Q U I T O Q G E T N Ụ
O L U L T E A P H I D E P B
C C K M T S L S A O D R R Ụ
Q W Y M L U F A B T R M F R
M A N T I S N W J B A I G Ụ
E V N K E E G F E B G T B S
F R P U G B T E R T Ọ E J H
D A I I O U E I H E N U G M
D L D U U R Q E L G F A T C
R H Y W W U Q I T K U E R G
K A X B K G R L S B L S X H
C M G H Ọ I D C E E E T X M
B M W G T A F Ọ D P C E R Q
```

ANT
APHID
BEE
EBE
UBỤRỤ
CICADA
ỌKWU OGE
DRAGỌNFUL
FLA
AFỌ

LADYBUG
LARVA
IGURUBE
MANTIS
MOSQUITO
NKE
TERMITE
WASP
IHE

42 - Astronomy

```
C Ọ N W A P K W R S G I X O
N O I T A I D A R O E T E M
S O S R G T Z L X N B A M N
C U Y M N Y O U S Q D E C L
X S P J O K D B B E A H T E
E E E E S S I E J D N O U L
F T G U R S A N M W Y P A E
H I A W Q N C M Y P A V N A
G L V Q W I O D L L N V O N
U L Q I A S Q V B A W Ụ R Y
N E Q U I N O X A N Ụ H T A
P T E C L I P S E E Ị B S C
E A G A L A X Y G T I L A L
A S A S T E R O I D B K T S
```

ASTEROID	NLELE ANYA
ASTRONAUT	PLANET
COSMOS	RADIATION
ỤWA	ROBET
ECLIPSE	SATELLITE
EQUINOX	SKY
GALAXY	ANYANWỤ
METEOR	SUPERNOVA
ỌNWA	ZODIAC
NEBULA	

43 - Health and Wellness #2

```
Ị  I  Q  W  W  C  A  G  Ụ  Ụ  I  B  U  V
D  M  K  B  G  U  A  Ị  R  Ọ  V  G  N  U
Ị  O  N  E  P  D  R  L  W  G  N  H  C  W
Ọ  T  K  D  L  O  Ụ  I  O  R  E  Y  H  S
C  A  W  G  B  V  P  N  L  R  H  M  E  X
H  N  U  R  E  Z  A  B  G  M  I  A  G  O
A  A  K  V  F  N  F  N  K  P  R  E  B  Ọ
R  K  W  O  E  A  E  H  X  U  N  O  U  K
A  P  U  X  F  Y  F  T  G  S  I  A  Q  W
B  N  I  M  A  T  I  V  I  V  R  O  E  U
Ọ  R  A  S  W  P  F  E  Ọ  C  N  R  I  I
F  K  V  B  T  O  B  X  D  D  S  X  S  K
Ụ  L  Ọ  Ọ  G  W  Ụ  W  Ụ  L  O  Y  C  E
Q  D  E  F  E  M  V  L  N  U  U  H  B  U
```

AFEFE	ỤLỌ ỌGWỤ
ANATOMI	IDỊ ỌCHA
AGỤỤ	ỌRỊA
ỌBARA	ỌDỤ
CALORIE	NRI NRI
ỌKWU IKE	NKWUKWU
NRI	ỤRA
MGBAZE	NCHEGBU
IKE	VITAMIN
GENETICS	IBU

44 - Time

```
C F M S U M G B E R M G A N
O T H H L K A L E N D A B Á
L N E T K G C A W N Ọ T Ụ N
Ọ D Ị N I H U W H D E N T R
T C S B H Ị L A B A H K Ụ I
K A Q P C H E H Y U N E T C
J D A Q A C I P N B Z J Ụ O
K W A A F Ọ F A Y G I I J G
E J K U R B B P F U V R I N
Q H X O X Ụ C N Y P J I D H
P J I W E C C S C U J I F J
F V Ụ H A A Y N Ụ T E R Y O
E D O C I W Y Q D Y G I P Y
M L J K V E Y G T Q E K O P
```

KWA AFỌ	NKEJI
TUPU	ỌNWA
KALENDA	ỤTỤTỤ
NÁ NRI	ABALỊ
EGE	EHIHIE
ỤBỌCHỊ	UGBUA
IRI IRI	TAA
MGBE	I IZU
ỌDỊNIHU	AFỌ
AWA	ỤNYAAHỤ

45 - Buildings

```
H Ụ Ụ N L E L E A N Y A V D
O L Ụ L N H B N O A U U U C
S Ọ L E Ọ W K Ụ W K A Ọ L Ụ
T N Ọ T V I U L O Ọ R Ụ E J
E Y Ọ O A Ị H A Ọ L Ụ B Ọ S
L O G H W Ị K E T Ụ F B L T
C C W H U F U T N Ọ L Ụ Ụ A
I H Ụ K K G M A Ụ K M L R D
N A Y S S A B M E L I C R I
E K P M S B W O S H Ọ R C U
M U N I V E R S I T Y E I M
A V D S X U H P J N T C Z N
J X B A N I B A C O B M U E
A X L U B Q W A R C H I X Y
```

ỤLỌ   HOTEL
BAN   ỤLỌ NYOCHA
CABIN   NLELE ANYA
ỤLỌ EZE   ỤLỌ AKWỤKWỌ
CINEMA   STADIUM
EMBASSY   ỤLỌ AHỊA
ỤLỌ ỌRỤ   ỤLỌ NTU
UGBO   ỤLỌ IHE NKIRI
ỤLỌ ỌGWỤ   ỤLỌ ELU
HOSTEL   UNIVERSITY

46 - Gardening

```
I  R  I  M  M  A  H  V  T  I  K  C  I  U
R  H  C  C  I  T  O  X  E  F  F  C  N  R
N  O  U  N  H  V  S  B  U  U  Ọ  Z  Ọ  E
B  O  U  I  K  W  E  P  Q  R  U  R  U  K
A  O  Y  J  G  N  N  A  U  U  R  S  Y  W
K  K  T  S  H  W  V  I  O  Q  R  E  P  E
W  O  V  A  Q  I  E  T  B  M  E  Y  Q  T
Ụ  O  M  D  N  O  R  C  H  A  R  D  D  A
K  K  Ụ  D  Ị  I  A  K  W  Ụ  K  W  Ọ  M
W  O  O  G  E  Q  C  L  M  V  S  Y  C  K
Ọ  B  C  G  T  F  B  A  A  U  P  G  V  P
N  C  O  M  P  O  S  T  L  R  B  W  T  Ụ
S  O  S  K  N  C  R  T  C  U  B  N  A  R
Ọ  E  W  O  K  H  B  L  P  P  T  U  I  Ụ
```

OKOOKO	AKWỤKWỌ NSỌ
BOTANICAL	HOSE
BOUQUET	AKWỤKWỌ
IHU IGWE	ỌZỌ
COMPOST	ORCHARD
EKWETA	OGE
URU	MKPỤRỤ
NRI	ALA
EXOTIC	ỤDỊ
IFURU	MMIRI

47 - Herbalism

```
Q F L S X E R F L O I D E T
R O S E M A R Y E G R B S G
G P H T H K E U G N C H M A
R O A U I L F S O T N I M L
E J T R O R E G A N O E E I
E I N U S I F U R U N B L K
N T E B G L Y K Y W O A A I
M L I S A P E C E K G R R S
F I D S X E N Y T Y A A O I
O S E L A V E N D E R U M S
M A R J O R A M E J R R A O
X B N O R F F A S M A U T G
J R I N R I N R I F T D I V
R M C V G Y W X K F X I C S
```

AROMATIC	INREDIENT
BASIL	LAVENDER
BARA URU	MARJORAM
NRI NRI	MINT
FENNEL	OREGANO
UTO	PARSLEY
IFURU	OSISI
OGE	ROSEMARY
GALIKI	SAFFRON
GREEN	TARRAGON

48 - Vehicles

```
T R A C T O R R M B P R H X
N D C K E C N A L U B M A F
S C O O T E R F S U B W A Y
R K Q R M P O T O M V F S L
Ụ S U B M A R I N E S X F P
R G L O K J I J G R M T I I
E O B K Y L K N B I X A T H
J B B Ọ F J W I L T U R Y C
C V U E M W D Ụ G B Ọ E L U
G Q L G T M Ụ G B Ọ A L A P
F E R R Y A I B U S C C U K
C A R A V A N R V L I U C M
R O F Y D T T D I G Y A M D
P O H E L I C O P T E R S E
```

ỤGBỌ ELU
AMBULANCE
ỤGBỌ MMIRI
BUS
CARAVAN
INJI
FERRY
HELICOPTER
MOTO
RAFT

ROBET
SCOOTER
MKPUCHI
SUBMARINE
SUBWAY
TAXI
TIRE
TRACTOR
ỤGBỌ ALA

49 - Flowers

```
M A W Y I E T U L I P O Q U
K W K J P Y N O E P F L C F
J F U F U S F M I V K H A Q
J U M N O I L E D N A D W Q
C A L I L A P A R Y I W P R
S I S R Y D E I V T L P O U
D R S M E K T N U E O Q P U
N E U V I C A E U U N A P N
Q M C H X N L D S Q G D Y W
A U S L J G E R D U A I E U
L L I D O G P A Q O M H J R
I P B C N V J G Q B K C B H
L W I A T Q E B V O R R F J
Y U H O X E A R Y O J O V V
```

BOUQUET	LILY
CLOVER	MAGNOLIA
DAISY	ORCHID
DANDELION	PEONY
GARDENIA	PETAL
HIBISCUS	PLUMERIA
JASMINE	POPPY
LAVENDER	ỤFỌỌRỤ ỤNWU
LILAC	TULIP

50 - Health and Wellness #1

```
B A S B D N H O R M O N E S
C A T Ị K Ọ D S L M Ụ R Ọ E
L T C E U T X I N P Ụ P G L
I Ụ N T L Ọ G W Ụ S G Ụ W C
N M I K E H I E M E A N Ụ S
I Ụ D N Ụ R Ụ T N V T A G U
C R R N H U I A N R Ụ Ọ W M
D Ụ T E J B U A A A E R P Ọ J
V J L V F E F K R N U K G K
O Ọ S C B L B U G F M Ụ L M
U N P E A H E W T Q M P P E
Ọ K P Ụ K P Ụ X G S L K G N
B I Y A X H F H G Y V A M K
J H Ụ L Ọ A H Ị A Ọ G W Ụ V
```

NA-EME IHE	MMURỤTA
BACTERIA	ỌGWỤ
ỌKPỤKPỤ	MUSCLES
CLINIC	NERVES
DỌKITA	ỤLỌ AHỊA ỌGWỤ
ỌJỤRỤ	REFLEX
ỤMỤTA	NTỤRỤNDỤ
ELU	AKPỤKPỌ ANỤ
HORMONES	ỌGWỤGWỌ
AGỤỤ	NJE

51 - Antarctica

```
T O P O G R A P H Y O E G O
R U M I N E R A L K B A P N
A K W K V S R E I C A L G Y
N O P K B X T C A O B U O E
C M U E C I J F W R A S P N
O O J W N Y Q O K M Y N C Y
H P V A E G N T E M U I I O
J K H E R O U S H U S N C C
M O E T B N J I C M E E A H
N N U N U G Y I N U O P K A
M B U G H A R I I S K K K G
K O N T I N E N T I R I M M
O K I R I K I R I A L A A J
Y D I S L A N D B M D W R T
```

BAY	ISLAND
NNUNU	MBUGHARI
UWE OJII	MINERAL
NCHEKWA	PENGUINS
KONTINENTI	PENINSULA
COVE	ONYE NYOCHA
MMUMU	ROCKY
OKIRIKIRI ALA	OKPOMOKU
GLACIERS	TOPOGRAPHY
ICE	MMIRI

52 - Fashion

```
L Q S R Y N J D D M M H P Y
Ị D Ị O K É Ọ N Ụ F V T U O
E D E R E D E E Ụ E B H I B
T I Ụ H R I D R K B T G U E
B Z Q C W V L T P A T Ụ B R
L A N I G I R O Ụ K E H U E
K H R K O T V W R W U G N M
S N I A W W D K Ụ Ụ Q N O A
T T B N U V U W E K I C M A
X W E C W R T W P W T W A R
D T L H K E U B O Ọ U V W A
E M B R O I D E R Y O U X S
M K P Ị S Ị A K A R B C F X
Ọ K A C H A M M A F D W D L
```

OKWU
BOUTIQUE
BỤTA
UWE
MAARA
EMBROIDERY
ỊDỊ OKÉ ỌNỤ
AKWỤKWỌ
MKPỊSỊ AKA
NHAZI

OBERE
OGE A
ỌKACHA MMA
ORIGINAL
ỤKPỤRỤ
BARA URU
MFE
ỤDỊ
EDEREDE
TREND

53 - Human Body

```
D P X A F M E A K A Y I Y I
U U M V C W O K Ụ R Ụ B Ụ H
B H Ị X C I M I W M B P K U
U H I T T B M L A U L B W P
J I Ụ K N O L U W N I R Ụ B
Ọ J N Y I S I G V Ọ O K K S
K Y A F H Y I K P E R E E U
P V Ọ W C M K P Ị S Ị A K A
Ụ D P O T U Ọ B A R A D E H
K F K B I A N W D H U O A V
P O Ụ L I T B W E J P M X P
Ụ C P E P M V B W E O Y L C
N S K G V S E U U I D C P I
S D A F E K S J X T X J W L
```

EKWU IKE   ISI
ỌBARA   OBI
ỌKPỤKPỤ   JAW
ỤBỤRỤ   IKPERE
CHIN   ỤKWỤ
NTỊ   ỌNU
ELBOW   N'OLU
IHU   IMI
MKPỊSỊ AKA   UBU
AKA   AKPỤKPỌ ANỤ

54 - Musical Instruments

```
O L L E C O C L A R I N E T
B J K W M B P E Y J G O N H
O M G S U A A I L B K B O L
E G U V O S R E T I T M H R
V B I R R S A Ọ J À Q O P T
B J T C D O H G O N G R O Y
T D A K L O U V U I X T X R
E N R I V N N I Q L P P A R
M A R I M B A O B O G I S T
W T J R L I C L C D J A E F
A X F A N O E I R N Q N Y O
N C I N M A W N A A A O A Q
H G L G G P T B Q M X Q O B
K K T A M B O U R I N E T E
```

BANJO
BASSOON
CELLO
CLARINET
DRUM
ỌJÀ
GONG
GUITAR
HARAP

MANDOLIN
MARIMBA
OBOE
PIANO
SAXOPHONE
TAMBOURINE
TROMBON
OPI
VIOLIN

55 - Fruit

```
A Ọ H J A Y D I P A R G Ọ O
V P Ị O P C U C I W I K K R
A Ọ R L Ụ K Q H I L W O W O
U Ọ E Ị L D M E C F G B Ụ M
G P B N K D P R H I C I R A
T A P T X Ọ O Ị C G T Y Ụ N
R C S Q G W T Q I A J O B K
E O A N E C T A R I N E E Ị
R G R F A C B F T I N B K R
E N W T Q O R E F V M U E Ị
N A H U P W B H R E A J E S
U M A P S P C X I R L T L Ị
B O T K M I W G D M Y S Q Q
R U B E U A K Ụ O Y I B O V
```

APỤL	KIWI
APRỊKỌT	OROMA NKỊRỊSỊ
UBE OYIBO	MANGO
UNERE	EGWUSI
BERRY	NECTARINE
CHERỊ	PỌỌPỌ
AKỤ OYIBO	PIICH
FIG	UBE
GRAP	ỌKWỤRỤ BEKEE
GUAVA	RASPBERỊ

56 - Engineering

```
R G K G E X G X M V M G E L
K R K I S T S S O I O D C K
M M I R I M E B T K C R W S
J Y M K X F M S O E W A H N
S X I Z A H N Ụ E W G I L L
A T M N G W A V T R R S C H
V P O Ọ W K Ụ W K A E S K I
A K U K U N K E S A T S V M
Y T U T A Q Q G X O E I E G
Y M B D F K N P B W M N M B
N D Y W U E Ụ R S U A J F A
Y D I E S E L K F W I I B K
E Q O O U R T J Ụ U D V T Ọ
O P K E T N K W Ụ S I I K E
```

AKUKU	IKE
AXIS	INJI
MGBAKỌ	NGWA
OWUWU	AKWỤKWỌ
OMIMI	MMIRI
ESERESE	IGWE
DIAMETER	NHAZI
DIESEL	MOTO
AKỤKỤ	MMỤTA
NKESA	NKWỤSI IKE

57 - Kitchen

```
N F N T Ụ Z I A K A W Ụ U I
G X R O T A R E G I R F E R
A U Q E G N O R P A O G B O
J L L S Z D A X X M R O K L
I G Q O E E U P A M C W A Y
F D C U P S R U K W B D B F
K O H G E G W U C I A N W J
E S R M M U O Y I R N E V O
T N A K F J U E T N I S Q D
T C N P S J R B S L N T F B
L S N A C X E T P P I M X P
E H N D R Q C V O B N D C E
X L W N I T V J H D E K R Q
C C R O N Y K E C F W I U B
```

APRON	KETTLE
ỤWA	MMA
CHOPSTICK	NAPKIN
CUPS	OVEN
NRI	NTỤZIAKA
FORKS	REFRIGERATOR
FREZER	OSE
EGWU	OGBO
JUG	NGAJI

58 - Art Supplies

```
B V L C G R R F F R J E G C
P E N S Ụ L E T S A P C M O
G K P O N Y G K T U Q H K X
U L P L N O R L R W B I X W
G K N I O T E E Ọ Y J C E T
A Y U A K O W M S Ọ Y H Q A
Ị C O Q E F M M A N Ụ E V B
H Ọ R Ụ R E O F P K P C F L
Ị G P Y E W V H E J G G U E
H N F L L G A K W Ụ K W Ọ E
A A P V E I R I M M J V I T
F M E P S T C N B S O K D E
T N C P A V O C H E P U W K
E A B I E U O F T P R U T Y
```

ACRYLIC   ECHICHE
AHỊHỊA   INK
IGWEFOTO   MMANỤ
OCHE   AKWỤKWỌ
UKU   PASTEL
ỤRỌ   PENSỤL
OKERE   TABLE
EASEL   MMIRI
GLỌỌ

59 - Science Fiction

```
I H E O M U M E R S U Ụ H L
J P O F Y K U W K O C W B M
T E C H N O L O G Y B A V Y
M K P U C H I M V N X O V L
A K W Ụ K W Ọ W G K U X T L
C H K M R D I W D G L E A S
I K I M O T A I P O T S I D
N F A N T A S T I C L P Q M
E H C I H C E P L A N E T G
M F U T U R I S T I E M Ọ B
A I P O T U Q S C K R R K A
C H E M I C A L S N F V Ụ W
O R A C L E A V L K W J V A
T Q O K I G A L A X Y T V L
```

ATOMIKI	FUTURISTI
AKWỤKWỌ	GALAXY
CHEMICALS	ECHICHE
CINEMA	IHE OMUME
MKPUCHI	ORACLE
DISTOPIA	PLANET
MGBAWA	ROBOTS
OKWU	TECHNOLOGY
FANTASTIC	UTOPIA
ỌKỤ	ỤWA

60 - Geometry

```
Ọ Y I D N O I T A U Q E A E
U R Q I K Q X H B W E G P T
L T Ụ A M X P R E K N O M F
E E F M E O E N T O I V A E
A M F E L P E S I X M L F M
K M N T G N E L A U T U B N
Ụ Y N E N E R A U Q S R M R
K S Y R A K U K U I S P I E
Ụ R H E I N M E D I A N Q H
D W R G R N Ọ M B A M F D C
T R L A T N O Z I R O H A I
M K I R I Q S F B H Q J U H
K E P U R G I V E L X T S C
M G B A K Ọ W K Ụ W K A N E
```

AKUKU
MGBAKỌ
OGE
AKWỤKWỌ
DIAMETER
AKỤKỤ
EQUATION
HORIZONTAL
ECHICHE
MASS

MEDIAN
NỌMBA
MKIRI
ỌRỤ
SQUARE
ELU
SYMMETRY
IHE OMUME
TRIANGLE
OKWU

61 - Airplanes

```
I  N  J  I  O  N  Y  E  A  G  A  F  E  L
M  Ụ  R  Ụ  W  O  B  D  Ụ  H  L  H  I  P
Y  E  R  U  T  N  E  V  D  A  A  F  R  K
T  O  L  I  P  N  T  C  Ọ  A  Ọ  N  O  Q
J  A  I  U  F  O  M  B  M  T  B  E  J  M
A  Y  W  V  K  A  Q  R  Ụ  M  G  G  G  N
K  B  M  Q  E  U  R  B  D  O  Ụ  O  Y  O
Ụ  R  Ọ  Ị  D  N  K  G  N  S  Ụ  R  Ọ  O
K  S  K  Y  T  H  D  I  F  P  N  D  D  L
Ọ  B  V  V  F  E  W  I  P  H  A  Y  Ị  L
O  N  C  O  W  U  W  U  F  E  M  H  D  A
G  R  V  N  H  A  Z  I  A  R  M  J  A  B
Ọ  G  B  A  G  H  A  R  A  E  X  X  H  F
R  A  A  T  X  S  P  G  G  H  I  P  D  Q
```

ADVENTURE	INJI
IKUKU	MMANỤ ỤGBỌALA
EGO	ELU
ATMOSPHERE	AKỤKỌ
BALLOON	HYDROGEN
OWUWU	ỌDỊDA
NDỊ ỌRỤ	ONYE AGAFE
MỤRỤ	PILOT
NHAZI	SKY
NDỤMỌDỤ	ỌGBAGHARA

62 - Ocean

```
C O R A L N N U H A O J F O
O G B O H U N C R T J E B M
R B Y I G T L F I V M L S D
O O G G L D H E L A W L N Q
P V N I E O J E B N D Y S V
O R H V E L T R U T D F H B
Q I Q S U P O T K Ọ C I Ị Q
T V A I Q H X D E R U S K X
B U T J K I S A K Ụ M H Ọ S
E Y N I Y N O H R C Y Y L O
I E E A G L A H R Y T A Q G
I D N D Ụ M Ọ D Ụ Ị S B Y N
X U R Q Z X E G K Y M F C Y
T I B N A S I L E D D P T I
```

ALGAE
CORAL
NSHỊKỌ
DOLPHIN
EEL
AZỤ
JELLYFISH
ỌKTOPUS
OPORO
REEF

NNU
ONYINYE
AKỤM
SHRỊMP
OGBO
IGBO
NDỤMỌDỤ
TUNA
TURTLE
WALE

63 - Force and Gravity

```
N K W U K W U G P I F I U W
C C C Q E F S Y H I H J I I
E G O G P N W E Y A L A M J
Y U N S O G B U S T B X M H
N J S N X L E D I Ụ W M E F
U R L O K O Y N C P A A T O
W L O A R C A M S Ọ J G Ụ I
K D H H S O C Q E H Ọ N T X
A X I S O R B I T C S E A C
B I C I C F E O F N Ọ T Y R
G I B C F M N V M O H I N D
M M E U Y B T B I P M S A Q
D Ị M Ị K A E S Y N N M V C
N R Y P J T R P W U U P H Y
```

AXIS	USORO
ENTER	ORBIT
NCHỌPỤTA	PHYSICS
ANYA	NSOGBU
DỊMỊKA	ALA
MGBAKWUNYE	ỌSỌ
NKWUKWU	OGE
MMETỤTA	UNIVERSAL
MAGNETISM	IBU

64 - Birds

```
W U E D R W E S W A N O M V
T O O R A P X D G Q M S R C
W G M T Y U E F H N W T E R
F U K U H J Y N Y E R R S U
B L L U G D P A G E W I Y Ọ
A E A E G G L C L U E C A B
P D B M N G H I H H I H T Ọ
Y X G S I Y F L E E N N O G
W P Ụ N L N I E O R K G U W
Ọ G A Z Ị S G P N O A X C Ụ
A K W Ụ K W Ọ O Z N K D A E
C A N A R Y G C A Q I C N C
E E V W A V I D L J K O U J
Ọ K Ụ K Ọ U V M F R V S K C
```

CANARY   HERON
ỌKỤKỌ   OSTRICH
ỤGBA   PAROOT
CUCKOO   UKU
ỌBỌGWỤ   PELICAN
UGO   PENGUIN
EGG   NZA
FLAMINGO   AKWỤKWỌ
ỌGAZỊ   SWAN
GULL   TOUCAN

65 - Nutrition

```
S K O C H A L K F U K S V T
A Q J Ọ P T G Q N O R V R W
U S E T A R D Y H O B R A C
C X S Ụ I R O L A K O N S Í
E B O Ụ N D Q T D E V F R B
Z N Q G L K Y I E K I U H A
A I M A R P W L F I R O J X
B M M H M J M U H W N M U R
G A F C O G N B K N G U H J
M T T U V H I R W T M X J
O I R N I R N N T P U E A L
C V K M M I R I M M I R I S
X T P W S A N M R W N N T H
J X W C U Ị D Ị M M A B M I
```

AGỤỤ	IKE
NKWUKWU	MMIRI MMIRI
OMUME	NRI NRI
KALORI	PROTEIN
CARBOHYDRATES	ỊDỊ MMA
NRI	SAUCE
MGBAZE	OSE
IKWU	NSÍ
ỤTỌ	VITAMIN
AHUIKE	IBU

66 - Hiking

```
I  X  Q  B  W  A  Ị  H  Ọ  Ụ  N  A  I  P
P  U  E  Y  G  A  T  B  Q  V  I  K  K  I
Ụ  T  B  L  T  C  C  W  I  U  A  P  E  C
N  I  E  E  A  H  F  G  L  J  I  Ụ  G  K
A  H  D  C  Q  T  U  V  A  P  A  K  W  N
M  E  A  R  N  I  B  W  N  U  S  P  Ụ  J
Ụ  I  W  Z  E  M  R  V  K  W  F  Ọ  L  C
N  H  K  J  I  U  T  I  U  Y  F  Ụ  A  L
A  U  N  A  M  S  T  V  M  H  M  K  E  I
T  I  S  C  N  V  A  T  E  M  A  W  K  F
Ụ  G  Q  J  D  J  F  I  O  A  P  Ụ  E  F
M  W  N  X  A  F  I  B  A  W  A  P  E  F
Ụ  E  E  Q  H  S  U  W  G  U  O  N  K  J
N  T  Ụ  Z  I  A  K  A  U  V  K  I  E  K
```

ANỤMANỤ	EKE EKE
AKPỤKPỌ ỤKWỤ	NHAZI
CLIFF	NKWADEBE
IHU IGWE	NKUME
NTỤZIAKA	SUMIT
IWU	SUN
MAP	IKE GWỤLA
ỤMỤTA	MMIRI
OUGWU	ANỤ ỌHỊA

67 - Professions #1

```
A  S  G  F  A  J  E  W  E  L  E  R  I  O
P  K  A  I  W  M  V  B  W  S  W  E  G  N
O  I  A  D  R  T  B  Y  L  M  S  T  W  Y
M  A  A  Ụ  N  S  F  A  Ụ  O  M  N  E  E
E  H  U  N  N  H  V  T  S  K  J  U  I  N
N  M  X  S  I  T  M  S  Ọ  S  Q  H  G  K
K  U  W  G  E  S  Ụ  I  Ọ  K  A  P  W  U
À  W  Q  G  Y  P  T  G  N  E  G  D  E  Z
D  K  C  S  S  K  W  O  S  G  K  C  O  I
Ḍ  Ọ  K  Ị  T  A  P  L  U  M  B  E  R  R
Q  E  O  Y  O  W  H  O  Ọ  K  A  I  W  U
V  Y  Y  Q  P  S  G  E  U  L  H  T  M  W
S  N  M  C  F  B  D  G  J  G  G  J  U  H
Y  O  O  N  Y  E  N  D  E  Z  I  F  I  H
```

AKAỤNTỤ	HUNTER
AMBASSADOR	JEWELER
OMENKÀ	ONYE ỌKWU
ỌKAIWU	IGWE IGWE
ONYE NKUZI	EGWU
DỌKỊTA	NỌỌSỤ
ONYE NDEZI	PIANIST
GEOLOGIST	PLUMBER

68 - Barbecues

```
E  Z  I  N  Ụ  L  Ọ  O  T  E  A  D  N  E
H  U  N  A  Ụ  Y  X  M  R  X  F  Y  R  G
M  Q  N  S  G  T  P  U  W  G  E  N  I  W
F  K  U  T  A  L  C  M  P  U  I  R  A  U
N  O  P  C  Q  K  I  E  M  Y  N  I  B  R
R  R  R  Ụ  O  K  Ụ  K  Ọ  M  L  E  A  U
I  H  G  K  R  R  E  E  W  S  A  H  L  E
Ọ  K  Ụ  D  S  Ụ  I  M  X  A  M  I  Ị  G
T  O  M  A  T  O  O  E  T  U  E  H  Ụ  W
F  V  J  L  D  W  V  S  L  C  N  I  M  U
T  F  O  A  J  H  U  L  I  E  Y  E  Ụ  Y
Y  U  A  S  E  B  X  J  U  S  I  D  A  Y
A  K  W  Ụ  K  W  Ọ  N  R  I  I  O  K  B
C  N  L  I  V  M  T  M  S  L  H  V  A  J
```

OKỤKỌ	AGỤỤ
ỤMỤAKA	MMA
NRI ABALỊ	NRI EHIHIE
EZINỤLỌ	EGWU
NRI	SALAD
FORKS	NNU
ENYI	SAUCE
MKPỤRỤ OSISI	OMUME
EGWURU EGWU	TOMATO
ỌKỤ	AKWỤKWỌ NRI

69 - Chocolate

```
A  A  I  M  F  F  J  O  B  A  E  S  D  G
K  N  T  N  Q  O  P  A  T  G  B  Y  R  G
Ụ  T  I  R  R  M  K  C  D  R  U  U  C  A
Ọ  I  I  T  L  E  M  A  R  A  C  Ọ  Y  E
Y  O  W  M  Q  M  D  C  R  G  N  K  A  G
I  X  S  O  N  U  H  I  R  O  L  A  K  W
B  I  F  Q  U  M  U  T  E  T  Y  C  A  U
O  D  B  E  F  O  N  O  T  N  K  H  I  N
U  A  M  M  Ị  D  Ị  X  B  Y  T  A  Z  L
I  N  S  U  G  A  R  E  G  Y  M  M  Ụ  F
Y  T  K  J  X  N  Q  S  J  G  O  M  T  M
L  Ụ  N  Ụ  R  Ụ  U  T  Ọ  K  B  A  N  D
A  H  T  Q  X  X  Ọ  F  S  E  B  S  B  V
K  P  C  Ọ  T  Ụ  Ọ  T  A  A  N  Ị  M  P
```

ANTIOXIDANT	ỌKACHA MMASỊ
OMUME	ỤTỌ
CACAO	INREDIENT
KALORI	EGWU
SWIITI	ỊDỊ MMA
CARAMEL	NTỤZIAKA
AKỤ OYIBO	SUGAR
NA-ATỌ ỤTỌ	NỤRỤ ỤTỌ
EXOTIC	

70 - Vegetables

```
U T U G U E W W R A K X S K
H S I D A R G A Y Y A R H U
I V U S E L X G S R R J A K
T I O K P Q I Y P E O R L U
O R E P H F R K N L T E O M
M S J V D G N O I E A G T B
A T A O C K O H P C D N E A
T O I L I I W C B O V I T E
O O E F A G K I H G E G J I
C N J D O D U T E W R E D U
T S G T K A W A L F I L O K
G K Q W R P K P A R S L E Y
L X L K I R A H G U T A I R
B R O K O L I S A B A Y J A
```

ATICHOK	YABASI
BROKOLI	PARSLEY
KAROT	PEA
KOLIFLAWA	UGU
CELERY	RADISH
KUKUMBA	SALAD
EGGPLANT	SHALOT
GALIKI	AKWUKWO NRI
GINGER	TOMATO
ERO	ATUGHARI

71 - Boats

```
N Ụ I I C Y X K D R D O C K
A D C R A I R I M M Ọ B G Ụ
U Ọ G I N O H J N Q L U O N
T S A M O Ọ C R A F T O T D
I J N I E D K E Y E J Y Q Ị
C B P S D Ọ A H A X B R N Ọ
A O O O I M Y H K N J E R R
L V H É T M A O Ị Y I M O Ụ
D P C K H I K F L F E R R Y
L P E O C R E G Ị S G G H V
N B W C A I G I R N F P K G
S P S Y Y C H G A H R Q V G
E B I L I M M I R I R J K E
L V H X O X N X Y A T P C V
```

ARỊLỊKA	NAUTICAL
BUOY	OCEAN
CANOE	RAFT
NDỊ ỌRỤ	OMIYỊ
DOCK	ỤDỌ
INJI	ỤGBỌ MMIRI
FERRY	OKÉ OSIMIRI
KAYAK	TIDE
ỌDỌ MMIRI	EBILI MMIRI
MAST	YACHT

72 - Driving

```
Q  W  Q  Ụ  X  N  V  M  N  N  M  V  L  I
J  O  R  G  N  D  G  M  Q  Y  K  N  E  H
C  O  J  B  L  Ị  P  A  M  A  V  Q  N  E
Y  X  B  Ọ  A  U  Y  N  O  Ọ  K  I  N  M
X  X  R  A  W  W  B  Ụ  A  K  O  Z  U  B
Ụ  A  E  L  K  E  F  Ụ  T  W  T  O  T  E
E  G  K  A  E  O  C  G  E  Ọ  O  K  I  R
G  I  B  C  H  J  A  B  E  Ụ  M  P  H  E
W  O  K  Ọ  C  I  R  Ọ  R  G  R  O  E  D
U  A  C  I  N  I  H  A  T  B  N  R  E  E
Ọ  S  Ọ  K  K  J  U  L  S  Ọ  E  O  G  L
E  G  J  U  F  E  E  A  U  A  A  Ụ  W  G
X  L  D  V  V  T  R  M  B  L  G  Z  U  N
H  G  S  X  P  X  P  E  K  A  K  Ọ  Q  F
```

IHE MBEREDE	MOTO
BREK	NDỊ UWE OJII
BUS	OZU
IHE EGWU	NCHEKWA
ỌKWỌ ỤGBỌALA	ỌSỌ
MMANỤ ỤGBỌALA	STREET
EGWU	OKPORO ỤZỌ
GAS	ỤGBỌ NJEM
IKIKERE	ỤGBỌ ALA
MAP	TUNNEL

73 - Mythology

```
L Q G G U U O H R I M Ị A N
D A Ọ D A C H I E K O B N N
E I B D E E K I K O N Ọ W E
L E I Y P W S S E G S Ọ Ụ G
K J A U R G G Y N U T B A B
À M Ụ M À I J L I O E Ọ N È
À M À A H U N C H K R E W E
C L E B F L E T C X U K Ụ L
A C J C G E K I H Q S W D U
M U S R O M E N A L A O F I
A R C H E T Y P E O L R I G
N K W U K W E T A S K O V W
A K Ụ K Ọ J S B E K E R E E
W A R R I O R K N W L F I J
```

ARCHETYPE	EKWORO
ÀMÀ	LABYRINTH
NKWUKWETA	AKỤKỌ
OKIKE	ÀMỤMÀ
EKERE	MONSTER
OMENALA	ANWỤ ANWỤ
CHINEKE	ỊBỌ ỌBỌ
ỌDACHI	IKE
ELUIGWE	EGBÈ ELUIGWE
OKE	WARRIOR

74 - Hair Types

```
C  M  B  T  I  S  J  Y  A  N  D  K  O  N
S  I  H  N  Ụ  J  R  U  K  Q  P  W  L  A
Q  J  K  T  P  R  M  T  W  W  M  E  C  E
T  O  O  E  R  V  Ọ  V  Ụ  I  K  S  Q  N
B  F  G  Q  V  P  Q  K  K  B  M  Ị  W  W
R  M  O  B  Ọ  P  L  H  W  A  V  R  Q  U
A  O  L  L  R  H  H  E  Ọ  S  D  Ị  H  N
I  K  O  O  Ọ  I  H  E  R  X  G  M  G  N
D  P  G  N  K  L  M  K  P  Ọ  J  N  K  W
S  O  O  D  A  J  A  A  J  A  A  B  G  A
L  K  O  L  N  R  G  Ọ  M  A  V  X  V  I
R  O  G  A  H  C  Ọ  O  C  Q  F  B  P  I
U  R  E  B  G  R  A  Y  Y  H  Ụ  C  H  A
C  O  R  W  U  F  Y  W  L  C  A  P  V  V
```

BALD	IKE
OJI	OGOLOGO OGE
BLOND	NA-ENWU
KWESỊRỊ	MKPỌ
BRAIDS	ỌLAỌCHA
AGBA AJA AJA	ỤRỌ
ỤCHA	OKPOKORO
CURLS	IHE
AKỌRỌ	AKWỤKWỌ
GRAY	ỌCHA

75 - Garden

```
S K D K O I C A T T Y X W R
J E L J N W U C E R U R U L
A W I Y I D W R R A F X X S
I L D G L R G A R M L C F X
M L A D H A E K A P K O I R
F F W D Q H H E C O P I U Ọ
H A M M O C K Ụ E L S X B D
S Ị I R Q R G Y S I W M E Ọ
U H N S K O K P O N T R N M
B Ị E I V B V A H E G O C M
W H F X S G F R D E Q N H I
I A O C S I F U R U D T K R
L Y X E E C S A N R Q F X I
A K W G X G G O Y R E R W N
```

BENCH
BUSH
NWU
IFURU
EGWU
OGE
AHỊHỊA
HAMMOCK
HOSE

AHỤ
ORCHARD
ỌDỌ MMIRI
RAKE
ALA
TERRACE
TRAMPOLINE
OSISI
IGBO

76 - Diplomacy

```
E M O G B E M M A D Ụ J K I
M S M N K W U K W U R M C K
U G E A W X I I G Q O R N P
M Ọ K M D N D Ụ M Ọ D Ụ C E
O Ọ H Q O Ụ F D S X A C H Z
Ụ M V H W K U W D Ụ S I E I
R E K H N V W C C N S T K R
Ụ N L G G A F U T Q A A W I
P T B X W B L W F H B M A E
K I O C Ọ U X K K A M O F Z
Ụ C V Q T M G O P C A L S I
H I J E A H P I I B E P K M
C I V I C H P Z X P S I X Q
D Y S S A B M E Y P D D F D
```

NDỤMỌDỤ	GỌOMENTI
AMBASSADOR	MMADỤ
CIVIC	EZIOKWU
OGBE MMADỤ	IKPE ZIRI EZI
ESEMOKWU	ASỤSỤ
NKWUKWU	MKPEBI
DIPLOMATIC	NCHEKWA
EMBASSY	NGWỌTA
ỤKPỤRỤ OMUME	

77 - Countries #1

```
B E C L Y I N W J M T V N K
R N A N G D N A L O P N H H
A Y B I L L R P G R Y W W H
Z N L A T V I A J O G Q W Y
I A E L N I R A Q C E N V X
L M A E I O Q J E C Y Y I E
H R R U S O R S V O O K E T
K E S Z E Y D W P S K Y T Q
P G I E N N W B A A U G N A
I P A N E C N R G Y I K A D
D T G E G P A N A M A N M A
N U A V A F I N L A N D L N
U P A L L N I C A R A G U A
Q N A W Y R O M A I A J N C
```

BRAZIL	MOROCCO
CANADA	NICARAGUA
EGYPT	NORWAY
FINLAND	PANAMA
GERMANY	POLAND
IRAQ	ROMAIA
ISRAEL	SENEGAL
ITALY	SPAIN
LATVIA	VENEZUELA
LIBYA	VIETNAM

78 - Adjectives #1

```
J A P T I H E X Q C X N O V
V I U T O P N F U I S A S R
M L E M H I C Q L T O E B M
M M C Z E N W E T A O N Z K
A Ọ A C I T O X E M G Y U P
R C O D E O À N W O E E R A
A H B H Ụ V K K V R A R U J
M Ị Ị Q P E N W Y A K E O O
M C Ụ P S X F S U W I A K K
A H T R I U S U R W X K E W
N Ị Ọ D W M H Q U F K A Q U
U R U A R A B J W S J U D C
X Ị Q U P S S T K N M L N D
N W A Y Ọ Ọ N W A Y Ọ Ọ Y N
```

ZURU OKE	EZIOKWU
AROMATIC	NNUKWU
NKÀ	MMADỤ
MARA MMA	MKPA
ỌCHỊCHỊRỊ	OGE A
EXOTIC	KWURU
ENWETA	OKWU
OBI ỤTỌ	NWAYỌỌ NWAYỌỌ
IWU	IHE
NA-ENYERE AKA	BARA URU

79 - Rainforest

```
O G B E M M A D Ụ B P A M Q
Ị L A N A H Ụ K F A T N Q Ị
B O T A N I C A L R V Ụ D N
A M P H I B I A N A I A Ụ K
W O M C G T Y L O U H R D W
K N L O G W S S W R B A Ị A
E N R P S I G B O U C Y V N
H Ụ F F I S E K X V Q D S Y
C N E J Q E H C I E H C I E
N Ụ L L I K A H Ụ G H Ị N U
D I I J O E W U X B B B B G
U O X S Q E T M G B A B A W
N B P L F K E F A T C F K U
H V D T M E W G I U H I O W
```

AMPHIBIAN
NNỤNỤ
BOTANICAL
IHU IGWE
UWE OJII
OGBE MMADỤ
ICHE ICHE
AHỤGHỊ
IGBO

ANỤ ARA
MOSS
EKE EKE
NCHEKWA
MGBABA
NKWANYE UGWU
ỤDỊ
ỊLANAHỤ
BARA URU

80 - Technology

```
D B O B D I N T E R N E T X
B D Z Y I S E I V Y L O X F
W L I I G N E Z I O K W U U
C S O C I C O T O F E W G I
H Q X G T H B D Y P R N Q N
F N Y J A E E I N B A C G D
F V Y T L K D I E P W H Y N
K K M B R W A M U V T Ọ M Q
V Ọ K I O A T F H D F G A Q
I J M F S J A M I W O H R C
N J E P R F I L E A S A Y Y
N E M T U P A Y I U P R I Y
O D U N C T P O L M U Ị O J
T V P E C M A T Ụ P Ọ H C N
```

BLOG	INTERNET
NCHỌGHARỊ	OZI
BYTES	NCHỌPỤTA
IGWEFOTO	IHUENYO
KỌMPUTA	NCHEKWA
CURSOR	SOFTWARE
DATA	EZIOKWU
DIGITAL	NJE
FILE	

81 - Landscapes

```
N K H M M I R I M M I R I O
G L A C I E R R B P C F N A
F E L B A E O B Q B B X D S
O M I Y Ị E C Ọ Z A R A A I
J I J G R E B E C I F L G S
T S L U A X L A O F W U W S
U L V Ọ D Ọ M M I R I S U W
N A O R P O O Q D J S N R A
D N L U U Ọ E C M V K I U M
R D C U W G U O E O U N G P
A R A J G B T K C A A E W Y
I S N T U A J G D Q N P U V
L T O O K É O S I M I R I K
G E Y S E R T P B O Q A W W
```

BEACH   OASIS
ỌGBA   OCEAN
ỌZARA   PENINSULA
GEYSER   OMIYỊ
GLACIER   OKÉ OSIMIRI
UGWU   SWAMP
ICEBERG   TUNDRA
ISLAND   NDAGWURUGWU
ỌDỌ MMIRI   VOLCANO
OUGWU   MMIRI MMIRI

82 - Visual Arts

```
U U À N X G F H A B W A P M
B L K L A H C M B G E U Y A
G N N U W O R U O S G E T S
K O E B G M G Ụ N K W U O T
Q O M I F G T C R I H E T E
M L O O K E R E H Ọ V J O R
O Q K P M Y M J R J A Y F P
R P U Ụ P K Ụ R Ụ P K Ọ K I
O W S D E E S E R E S E G E
H F B N E M N D Q L A A J C
R G G T R U Q C P I Y X K E
O L U B V V B L I C N E T S
L E S C S Y J U R L E S A E
A G N Q H I P W I P K L Y H
```

OMENKÀ	IHE
CHALK	PENCIL
UKU	NKWUO
ỤRỌ	FOTO
MGBE	ESERESE
OKERE	ỌKPỤRỤKPỤ
EASEL	STENCIL
FIM	WAX
MASTERPIECE	

83 - Plants

```
O  I  O  W  G  M  E  T  S  K  A  G  T  I
I  F  U  R  U  K  X  E  O  S  I  S  I  V
A  P  O  A  A  P  S  S  K  S  J  F  T  Y
L  N  B  Y  Ị  Ọ  G  B  O  O  A  E  R  A
B  B  U  S  H  R  L  U  O  M  Y  R  P  K
B  O  G  H  Ị  Ọ  B  K  K  I  M  T  E  W
O  O  T  D  H  G  Y  E  O  B  G  I  T  Ụ
G  B  T  A  A  W  I  U  R  D  H  L  A  K
E  M  E  R  N  Ụ  C  P  Y  R  N  I  L  W
U  A  E  O  D  Y  S  A  P  C  Y  Z  C  Ọ
K  B  M  L  M  S  I  W  C  V  K  E  Q  N
D  X  P  F  U  H  H  G  W  T  T  R  F  S
Y  A  M  P  X  O  U  A  L  U  U  O  T  Ọ
Y  N  I  K  T  L  R  F  Q  I  O  S  F  Q
```

BAMBOO	AKWỤKWỌ NSỌ
AGWA	IGBO
BERRY	OGE
OKOOKO	IVY
BOTANY	MOSS
BUSH	PETAL
CACTUS	MKPỌRỌGWỤ
FERTILIZER	STEM
FLORA	OSISI
IFURU	AHỊHỊA

84 - Boxing

```
F  Q  K  G  B  H  U  S  S  M  V  J  S  B
I  C  W  Y  E  O  Q  M  C  J  C  H  R  D
S  U  E  K  I  N  A  E  M  E  G  I  D  E
T  W  S  T  P  B  H  F  S  V  R  X  B  L
H  K  Ị  D  M  V  E  E  C  U  E  L  V  E
V  U  R  H  Y  N  G  T  Ụ  S  F  V  Q  K
À  W  Ị  K  H  D  S  C  D  G  E  E  X  Ọ
N  K  U  K  U  I  H  E  Ọ  S  R  E  X  S
D  N  N  E  V  H  Q  J  V  G  E  X  N  Ị
E  L  B  O  W  H  G  Ụ  R  O  I  S  L  R
C  M  G  B  Ị  R  Ị  G  B  A  L  D  B  Ị
Ụ  H  A  A  V  I  G  Ọ  V  K  N  G  X  T
S  V  I  I  K  E  A  G  W  Ụ  L  A  G  Ị
W  E  S  N  M  X  X  E  S  M  R  Q  Y  J
```

MGBỊRỊGBA	GLOVES
AHỤ	KWESỊRỊ
CHIN	NA-EMEGIDE
NKUKU	IHE
ELBOW	NKWUKWU
IKE AGWỤLA GỊ	REFEREI
ỌGỤ	ỤDỌ
FIST	NKÀ
LEKỌSỊRỊ	IKE

85 - Countries #2

```
P B W K H F T D B M E R W F
M A J V J A M A I C A K M X
G B K R A M N E D D M A V R
S O C I X E M N I G E R I A
L O L T S J E S Y R I A H T
E C M I W T E X G J A P A N
E T K A D N A G U J J H Q G
E T F H L A B N O N A B E L
R N H N Y I U K R A I N E R
G E S I F T A I R E B I L U
S P U U O E E L A O S J B S
T A D F M P S W G J U P E S
A L A C Q I I J T K K B M I
G B N V G O B A I N A B L A
```

ALBANIA   MEXICO
DENMARK   NEPAL
ETHIOPIA   NIGERIA
GREE   PAKISTAN
HAITI   RUSSIA
JAMAICA   SOMALIA
JAPAN   SUDAN
LAOS   SYRIA
LEBANON   UGANDA
LIBERIA   UKRAINE

86 - Ecology

```
H Ụ G X N A I R I M M O R W
U K F K A N K C N Y B B K N
G W M U A U R Ụ H W F O E C
W U Y F K A Y S R E T D V G
U I I F W F E H L Ụ I O D M
O B P H Ụ F F H B Ị N C S V
G S T E K E E K E X E G H C
V A I Y W B N E P Ị H Ụ W E
W A I S Ọ O G P W L O D G A
X Q I L I Y R T F A T Ị O R
M A R S H K N H I N A F P O
E K E W G I U H I A P K J L
B B G K K T A Ị H Ị H A F
O G G U L U R Y X Ụ I I A A
```

IHU IGWE
OBODO
ICHE ICHE
ỤKWU
FAUNA
FLORA
MMIRI
MARSH
UGWU

EKE
EKE EKE
OSISI
AKỤRỤNGWA
ỤDỊ
ỊLANAHỤ
NA-AKWỤKWỌ
AHỊHỊA

87 - Adjectives #2

```
O Ọ R Ọ K A I X B G Q V R V
P G H C R Ụ K Ọ A P A P N K
M R C Ụ F K E W M I E O S N
I M U N R L Y J A A U W K N
H N A R Ụ Ụ Ụ G A R W Y A Q
E N X S M F Ọ G M A K Ọ K W
N U M X Ị W R A A A O E K E
K N X K U K Ụ F Q M I R U N
I W I V J M H S V R Z E W Y
R U Y M F A L L D B E K E E
I H M Q B M J C V W H E K R
W B J I E H J U S U X P R E
A N Ụ Ọ H Ị A X H R A L X F
H K J Ị S U B E R B T I U F
```

EZIOKWU
EKERE
NKỌWA
IHE NKIRI
AKỌRỌ
MAARA
AMA AMA
ENYERE
IKE
ỌKỤ

AGỤỤ
MMASỊ
EKE
ỌHỤRỤ
NKWU
NPAPA
ỌRỤ
NNU NWU
ỤRA
ANỤ ỌHỊA

88 - Psychology

```
S  D  N  R  T  C  A  T  E  H  C  E  N  A
E  G  S  V  I  L  B  Y  S  H  E  H  T  M
Q  G  O  P  M  I  V  B  E  M  Z  Q  Ụ  A
U  V  G  K  I  N  O  P  M  G  I  N  L  O
A  S  B  H  M  I  F  V  O  I  O  I  E  K
T  F  U  F  M  C  P  Ọ  K  O  K  T  C  W
Ụ  D  A  M  M  A  N  G  W  A  W  L  G  U
T  A  C  H  G  L  G  W  U  K  U  K  A  B
E  H  C  I  H  C  E  Ụ  W  W  O  K  W  U
M  Ụ  S  E  C  H  M  G  K  Ụ  E  F  A  O
M  M  R  K  À  Y  S  W  U  K  K  G  F  T
Y  A  P  B  M  T  E  Ọ  W  W  K  V  O  W
Q  H  W  G  À  L  L  R  K  Ọ  W  Q  H  K
M  Ụ  C  W  M  P  N  N  N  W  R  U  W  O
```

OKWU	AHỤMAHỤ
NTỤLE	ECHETA
ÀMÀ	AKWỤKWỌ
CLINICAL	MMADỤ
NKWUKWU	NSOGBU
ESEMOKWU	EZIOKWU
NRỌ	AMAOKWU
EGO	ỌGWỤGWỌ
MMETỤTA	ECHICHE

89 - Math

```
T  D  I  A  M  E  T  E  R  L  Y  G  W  D
D  R  R  A  T  Ọ  K  Ụ  K  A  N  G  L  E
E  C  I  T  E  M  H  T  I  R  A  T  K  D
C  F  R  A  Y  Y  O  M  S  Q  U  A  R  E
I  W  I  I  N  M  P  Ị  A  K  Ọ  T  A  W
M  O  K  J  X  G  G  E  O  M  E  T  R  Y
A  T  M  C  K  E  L  G  N  A  T  E  R  S
L  R  E  T  M  I  R  E  P  C  P  U  E  Y
E  Q  U  A  T  I  O  N  N  K  E  W  A  M
P  O  L  Y  G  O  N  O  J  D  O  O  M  M
E  L  K  Ọ  G  Ụ  G  Ụ  W  B  O  W  F  E
P  A  R  A  L  L  E  L  O  G  R  A  M  T
Y  O  W  F  J  Y  J  G  S  K  H  T  B  R
M  T  F  S  D  E  X  P  O  N  E  N  T  Y
```

ANGLE	ỌGỤGỤ
ARITHMETIC	MKIRI
OGE	PARALLELOGRAM
DECIMAL	PERIMTER
DIAMETER	POLYGON
NKEWA	RETANGLE
EQUATION	SQUARE
EXPONENT	SYMMETRY
AKỤKỌTA	TRIANGLE
GEOMETRY	MPỊAKỌTA

90 - Water

```
M M I R I O Z U Z O H E I U
C E B I L I M M I R I W J Y
A S I Ọ Z Ọ P B D L C T U I
N U O X E Y N I J E C T M H
A K N O I T A G I R R I M U
L G Y W C U Z U O K U Ọ I U
V C F M I E E W U P U D R R
G N S R Y D A I I B D Ọ I U
A G Q E O D S N C O V M U K
J S F S I S D G D E B M A T
Ụ N A Y R G T T G Ị Y I M O
J T F E I X X D K A F R A T
Ụ U J G M O N S O O N I D D
N S W P M M W R O X H J D U
```

CANAL
EWUPU
IJU MMIRI
FROST
GEYSER
IHU URU
AJỤJỤ
ICE
IRRIGATION

ỌDỌ MMIRI
MONSOON
OCEAN
MMIRI OZUZO
OMIYỊ
ỌZỌ
MMIRI OYI
UZUOKU
EBILI MMIRI

91 - Activities

```
E  J  I  O  Y  Q  G  Ị  R  T  O  C  V  Ị
S  A  I  Y  M  R  B  K  N  L  X  P  T  K
U  O  C  K  T  S  Q  W  T  V  W  N  E  Ụ
O  V  N  O  Y  Q  U  E  Ụ  X  H  G  M  A
S  E  T  C  W  J  Q  S  R  G  T  N  L  Z
U  B  O  A  P  R  C  Ị  Ụ  D  R  I  E  Ụ
S  T  T  B  W  B  N  R  N  U  A  K  Ọ  `
Ọ  R  Ụ  B  X  K  B  Ị  D  J  N  I  T  Q
Ị  K  W  A  A  K  W  A  Ụ  W  W  H  Ụ  I
N  P  F  B  D  V  O  B  G  U  A  B  G  Ị
K  U  T  O  R  P  A  W  U  R  N  Y  Y  S
À  U  W  A  T  N  U  H  C  Ị  Y  X  M  V
M  M  A  S  Ị  O  J  E  E  H  I  Ụ  G  Ị
A  H  F  Q  D  R  F  G  S  B  K  X  R  V
```

ỌRỤ   ỊKWESỊRỊ
ART   NTỤRỤNDỤ
ỌKA   ANWANYI
ỊKỤ AZÙ   FOTO
ỊGBA UGBO   ỤTỌ
HIKING   ỊGỤ IHE
ỊCHU NTA   ỊKWA AKWA
MMASỊ   NKÀ

92 - Business

```
E  S  T  J  R  V  W  V  U  M  X  S  Ọ  Ị
A  Ị  H  A  Ụ  Z  A  T  Ụ  M  Ụ  F  N  C
M  F  P  D  F  A  T  A  L  E  B  M  Ụ  H
A  Ọ  D  W  R  Ị  A  T  Ọ  R  O  L  E  Ụ
O  L  X  Y  T  H  B  A  Ọ  E  N  Ọ  G  E
Ụ  N  I  L  O  A  U  B  R  E  Y  R  O  G
A  T  Y  S  X  Ọ  B  M  Ụ  R  E  Ụ  F  O
Z  U  Ụ  E  I  L  M  O  R  I  N  U  G  L
Ụ  I  E  I  Ọ  Ụ  C  G  Ọ  E  J  Y  D  H
M  R  C  H  S  L  H  E  E  R  I  X  V  B
A  S  S  H  G  I  Ụ  K  Y  Y  K  G  U  D
H  U  A  U  P  S  A  A  N  O  W  E  B  J
Ị  R  S  O  D  W  P  W  O  S  A  H  G  V
A  U  C  B  N  A  N  H  P  W  P  N  K  O
```

ỤMỤTA	ONYE NJIKWA
ỌRỤ	AZỤ AHỊA
ỌNỤ EGO	EGO
MBELATA	ỌF ỊS
ONYE ỌRỤ	URU
ONYE ỌLỤ	IRE ERE
ỤLỌ ỌRỤ	ỤLỌ AHỊA
MBUBATA	ỤTỤ ISI
EGO MBATA	AZỤMAHỊA
ỊCHỤ EGO	

93 - The Company

```
A T Ụ P I S O G N H K L Ọ K
M Z R N G O G G N F F O K O
M R Ụ P Q C E A X Y I D A R
Ị H J M U V Ụ V I J R F C Ọ
D I S D A Ị H A A W G N H G
Ị O Ụ K U H C B U B K C A A
E W R M N F Ị R C B F D M N
O K Ụ Ụ I G T A O D P C A I
K Ụ H H T E Z I O K W U R H
E W Ọ E S M K P E B I A A U
I K E D K A K Ụ R Ụ N G W A
K A H I K E A N J Ụ W A F Y
E Q I U G U R H V R G T U J
K K O E K B I E L L M G U B
```

AZỤMAHỊA
EKERE
MKPEBI
ỌRỤ
IHE ỌHỤRỤ
ỊCHỤ EGO
OKE IKE
NGOSIPỤTA
NGWAAHỊA

ỌKACHAMARA
ỌGANIHU
ỊDỊ MMA
EZIOKWU
AKỤRỤNGWA
AKWỤKWỌ
UNITS
ỤWA

94 - Literature

```
P  T  C  M  A  N  O  U Ọ  J  O Ọ  I  I
X  B  G  K  K  K  R  H  Y  T  H  M  X  N
A  B  Ụ  P  U Ọ  W  K  Ụ  W  K  A  N  Ụ
A  Q  S  A  K  T  C  O  U  T  N  A  K  D
V  P  B  R Ọ  A  A  Q  J  M  T  T  W  Ị
R  I  U  Ị  Ị  B  R  E  N  K  Ụ  Ụ  U  B
U  D  L  T  F  H  U  P  H  B  L  N  B  O
S  I  N  A  O  P  L  S  Q  I  E  Y  I  D
K  E  L  Ụ  G  M  S  V  A  S  L  E  O  E
Y  D  O  K  G  Ụ  R  H  Y  M  E  R  K  E
W  R  V  A  W Ọ  K  N  J  B  V  E  W  E
N  Y  O  C  H  A  T  W  O  J  O  K  U  W
E  C  H  I  C  H  E  F  U  L  N  S  H  C
N  D  Ụ  M  Ọ  D  Ụ  N  S  O  B  T  X  R
```

NTỤLE	IHE ATỤ
NYOCHA	NKỌTA
AKWỤKWỌ	NOVEL
ODEE	ECHICHE
NDỤMỌDỤ	ABỤ
ATỤNYERE	RHYME
NKWUBIOKWU	RHYTHM
NKỌWA	ỤDỊ
MKPARỊTA ỤKA	GỤKWUO
AKỤKỌ IFO	ỌJỌỌ

95 - Geography

```
M G F K Ọ N T I N E N T I I
P P D U M R N H J C H E N S
J S A W A F H I S G Q D I L
E O W G P R F S J S Q U R A
M Q Ụ U H T R O N F S T I N
E H U O S A L A È K Ó I M D
R W C A C O R W W E S T I E
I Y W I T H U A A T L A S G
D Ị Y I M O Y T F J O L O O
I S S C J D R O H A X R É B
A X B Q Q O O C E A N L K W
N W R L G B P G I B L I O S
Y S C N F O K A R O K B Q Q
H E M I S P H E R E J J M S
```

EGO	OUGWU
ATLAS	NORTH
KỌNTINENTI	OCEAN
OBODO	MPAGHARA
EQUATOR	OMIYỊ
HEMISPHERE	OKÉ OSIMIRI
ISLAND	SOUTH
LATITUDE	ÓKÈALA
MAP	WEST
MERIDIAN	ỤWA

96 - Pets

```
H N V K T Q X H H N I E B D
B D J I P Q T O M G K J A P
W C G B A T Ị K N E Y H G A
L E L T R U T F W R J E W U
T U N Y O W P L O E E H I A
F B Ụ D O K O K E O Y I B O
R K Z W T O V R D X S U J Y
E U A N A P M P N C Q O W E
K I T E N N R H T R J N G K
Q R G L D G R E T S M A H J
J I H U L Ò D I A M M G I Q
R M P C W X K F A Ọ D Ụ D Ụ
F M H C H K U É C U T B P K
O Y U L V F N R G G F J P X
```

CAAT
ỤWA
OKWU
EHI
NKỊTA
AZỤ
NRI
EWU
HAMSTER

KITEN
NGERE
ÒKÉ
PAROOT
OKE OYIBO
ỌDỤDỤ
TURTLE
MMIRI

97 - Jazz

```
K M K Ọ F A K Y T M X W A R
C M W K M M E L I T E P B H
G E E A U I M A A S U V Ụ Y
C T S C R Ọ G B A E G W U T
R Ụ Ị H D K X O F B Y A W H
X T R A D N S U E G S R G M
Ụ A Ị M E À K N E M O T E A
H D I M G Y H N D E X S U Q
A I Ị A T R Ụ Q T A L E N T
B M D S O R R M D A Q H J N
S R A Ị Y C Ụ F U L F C R E
H J U A O V H E N B W R Y U
P R L F M O Ọ I K U D O N C
T E R D A A F N E M O Y P P
```

ALBUM	MMETỤTA
OMENKÀ	EGWU
MGBE	ỌHỤRỤ
ỌGBA EGWU	OCHIE
DRUM	ORCHESTRA
KWESỊRỊ	RHYTHM
AMA AMA	ABỤ
ỌKACHA MMASỊ	ỤDỊ
MMELITE	TALENT

98 - Nature

```
R G G S N U Y R O B G I R J
V L A N Y Ị S C F M P D V W
A A B U W E O J I I I X O
A C I O W F D M V T B Y Y G
S I X Y F G U U Q E C I Ị D
E E I L W M U I T H R R E J
R R Ọ Z A R A Ị H Ọ U N A G
E M K P Ọ S A M M A M Ị K M
N N F J R E P P J X J V Ị P
E Ọ S N Ọ W K Ụ W K A V M K
Y F Q Ụ K Ọ M O P K O F Ị Q
S O Y M G S Ị E V R T B D X
O G Q F G N D A N Ụ M A N Ụ
G G K E L V F X B H W V U U
```

ANỤMANỤ	IGBO
ARCTIC	GLACIER
ỊMA MMA	UGWU
ANYỊ	UDO
UWE OJII	OMIYỊ
ỌZARA	NSỌ
DỊMỊKA	SERENE
MKPỌSA	OKPOMỌKỤ
FOG	DỊ MKPA
AKWỤKWỌ NSỌ	ANỤ ỌHỊA

99 - Vacation #2

```
C  J  Q  C  W  W  P  A  U  Y  Ụ  O  Ụ  V
T  R  Y  O  V  R  L  H  G  Y  L  K  G  N
P  A  S  P  O  R  T  V  W  F  Ọ  É  B  H
B  E  A  C  H  W  I  J  U  F  N  O  Ọ  Q
N  T  Ụ  R  Ụ  N  D  Ụ  P  Q  T  S  E  I
N  K  W  E  S  Ị  R  Ị  H  A  U  I  L  U
P  I  M  Ụ  G  B  Ọ  N  J  E  M  M  U  W
X  A  S  V  I  S  A  K  C  M  E  I  I  E
I  X  T  L  E  A  I  J  V  U  J  R  D  F
T  H  I  E  A  X  D  X  N  M  N  I  I  T
L  S  S  T  P  N  A  S  A  E  B  E  U  U
A  K  K  O  X  P  D  F  O  T  O  X  I  S
L  T  P  H  X  V  G  Q  V  W  I  O  R  B
X  Y  T  Y  S  B  V  Y  O  B  E  W  B  Q
```

ỤGBỌ ELU	UGWU
BEACH	PASPORT
EBE	FOTO
EMUME	NKWESỊRỊ
HOTEL	OKÉ OSIMIRI
ISLAND	TAXI
NJEM	ỤLỌ NTU
NTỤRỤNDỤ	ỤGBỌ NJEM
MAP	VISA

100 - Electricity

```
A  I  O  Y  F  L  A  W  G  N  P  Ọ  O  O
J  G  Ị  T  N  E  W  K  E  I  W  N  R  P
Q  I  H  E  O  S  K  X  U  E  Q  Ụ  I  D
U  W  K  O  I  Z  E  L  B  A  C  Ọ  Ọ  Y
Y  B  E  I  J  C  H  N  U  Y  J  G  N  Q
J  D  L  V  R  U  C  L  E  S  Y  Ụ  A  P
S  S  E  A  O  T  N  W  A  T  W  G  G  M
G  Y  K  F  T  E  E  L  R  S  W  Ụ  Q  S
L  K  T  C  A  N  D  L  E  M  E  O  E  V
C  J  R  B  R  G  D  P  E  K  O  R  R  C
S  S  I  F  E  A  N  E  J  W  I  R  E  K
K  D  K  E  N  M  N  A  A  D  Ị  G  H  Ị
T  W  G  T  E  K  C  O  S  B  N  L  Y  P
S  N  E  O  G  B  A  T  R  Ị  N  B  W  E
```

BATRỊ	NA-ADỊGHỊ
CABLE	NETWORK
ELETRIKI	IHE
ELEKTRIK	EZIOKWU
NGWA	ỌNỤỌGỤGỤ
GENERATOR	SOCKET
ORIỌNA	NCHEKWA
LASER	EKWENTỊ
MAGNET	WIRE

1 - Antiques

2 - Food #1

3 - Exploration

4 - Measurements

5 - Farm #2

6 - Books

7 - Meditation

8 - Days and Months

9 - Energy

10 - Archeology

11 - Food #2

12 - Chemistry

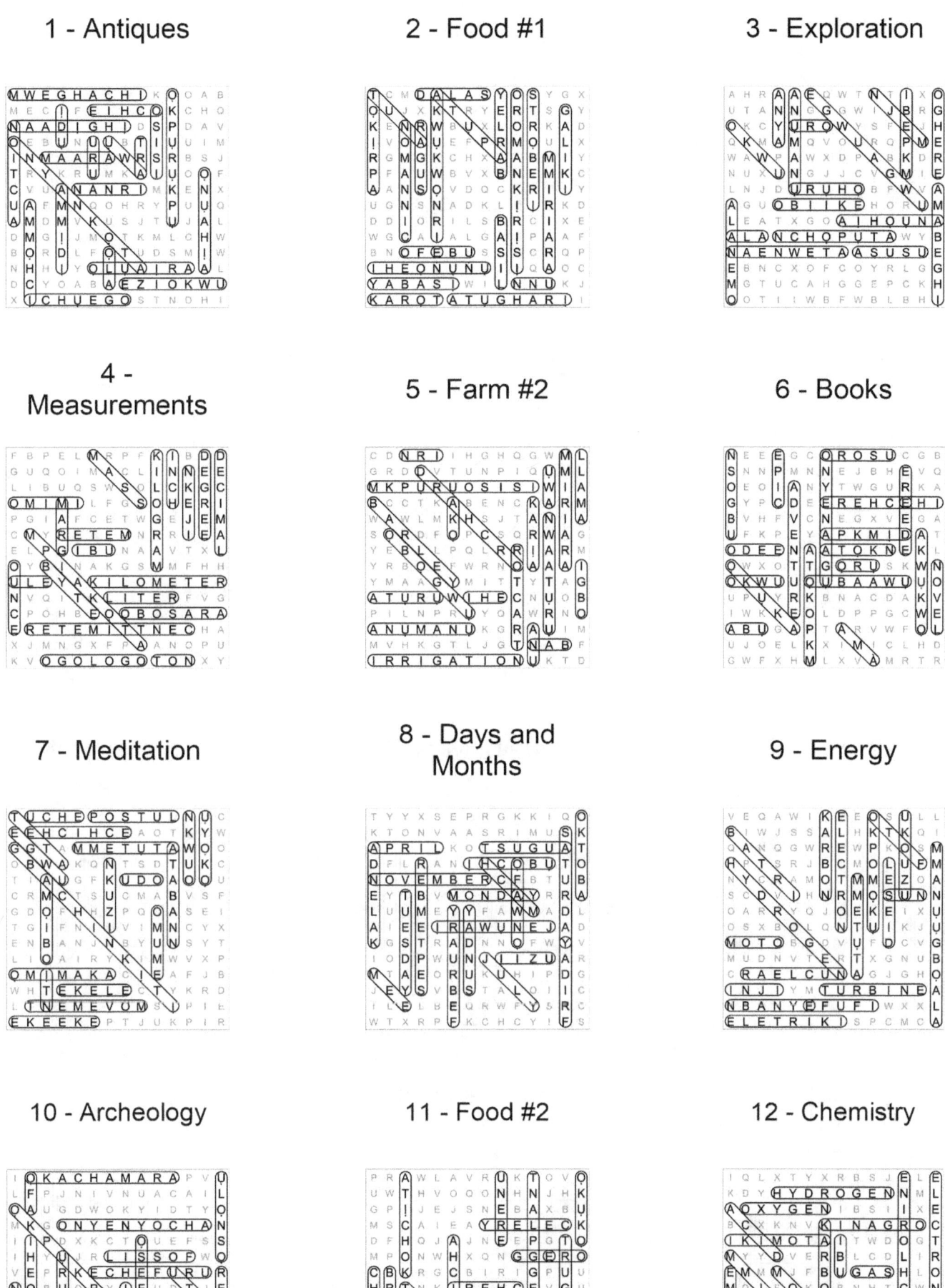

13 - Music

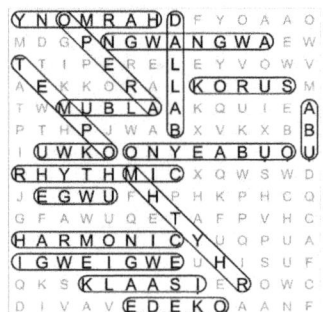

14 - Family

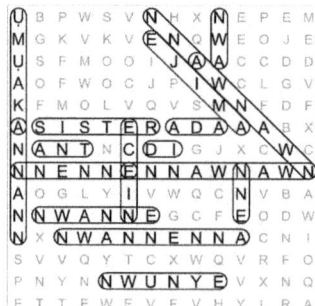

15 - Farm #1

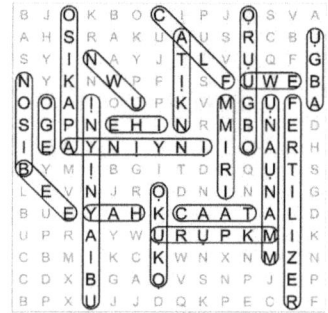

16 - Camping

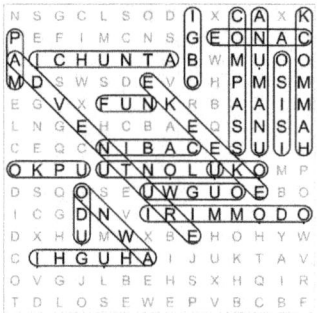

17 - Algebra

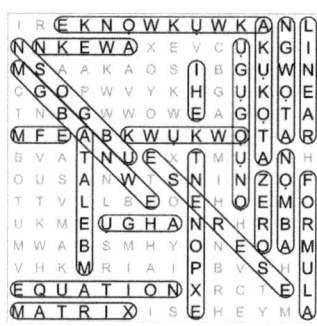

18 - Numbers

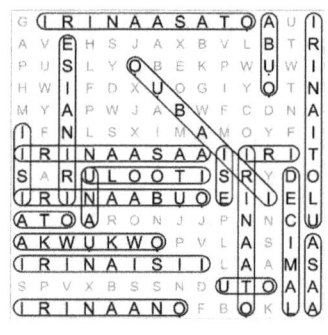

19 - Spices

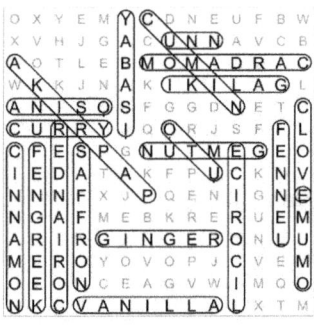

20 - Universe

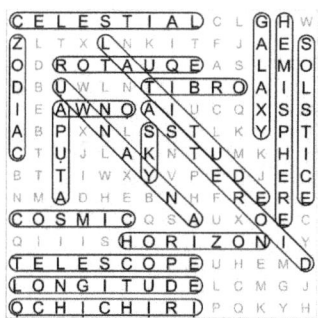

21 - Mammals

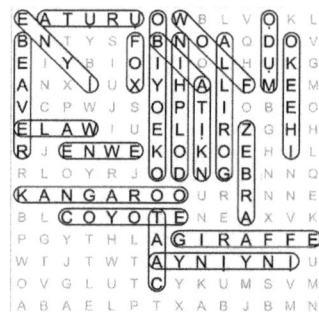

22 - Fishing

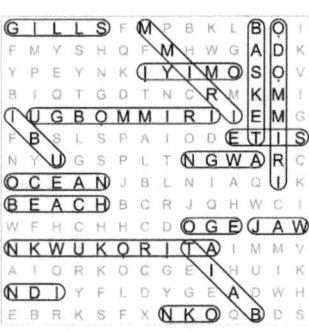

23 - Restaurant #1

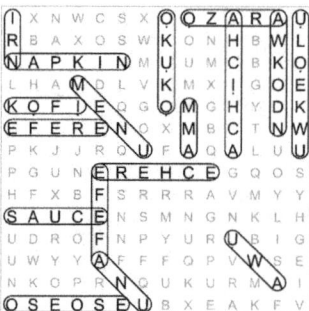

24 - Bees

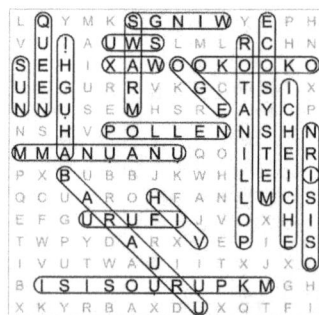

25 - Photography

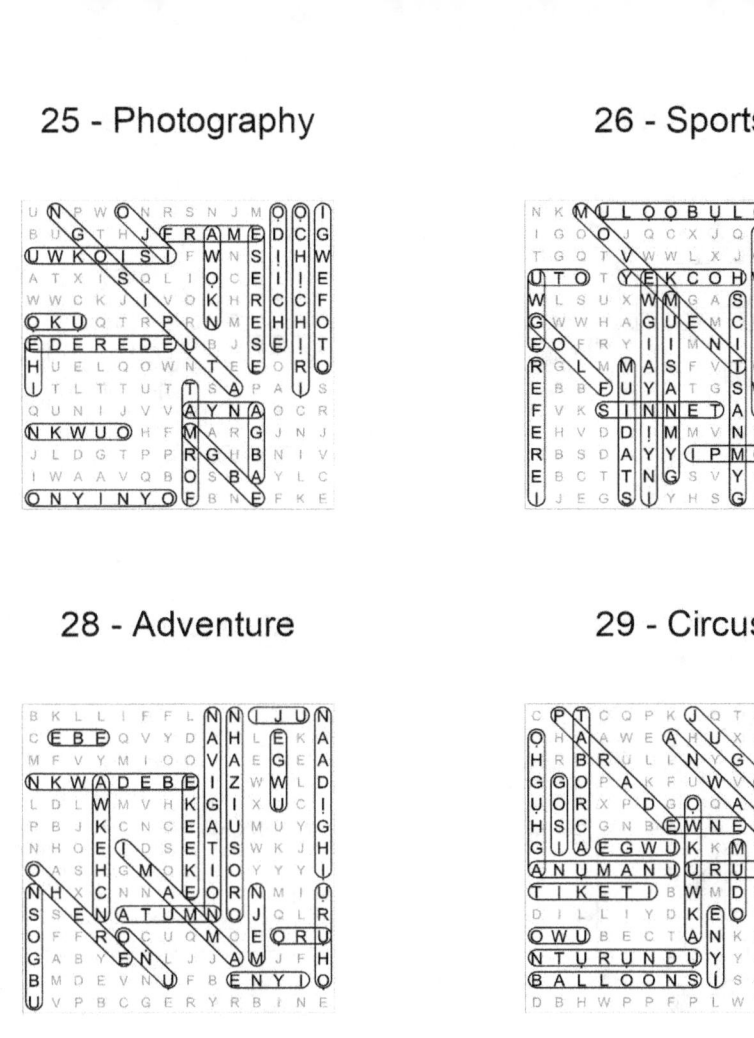

26 - Sports

27 - Weather

28 - Adventure

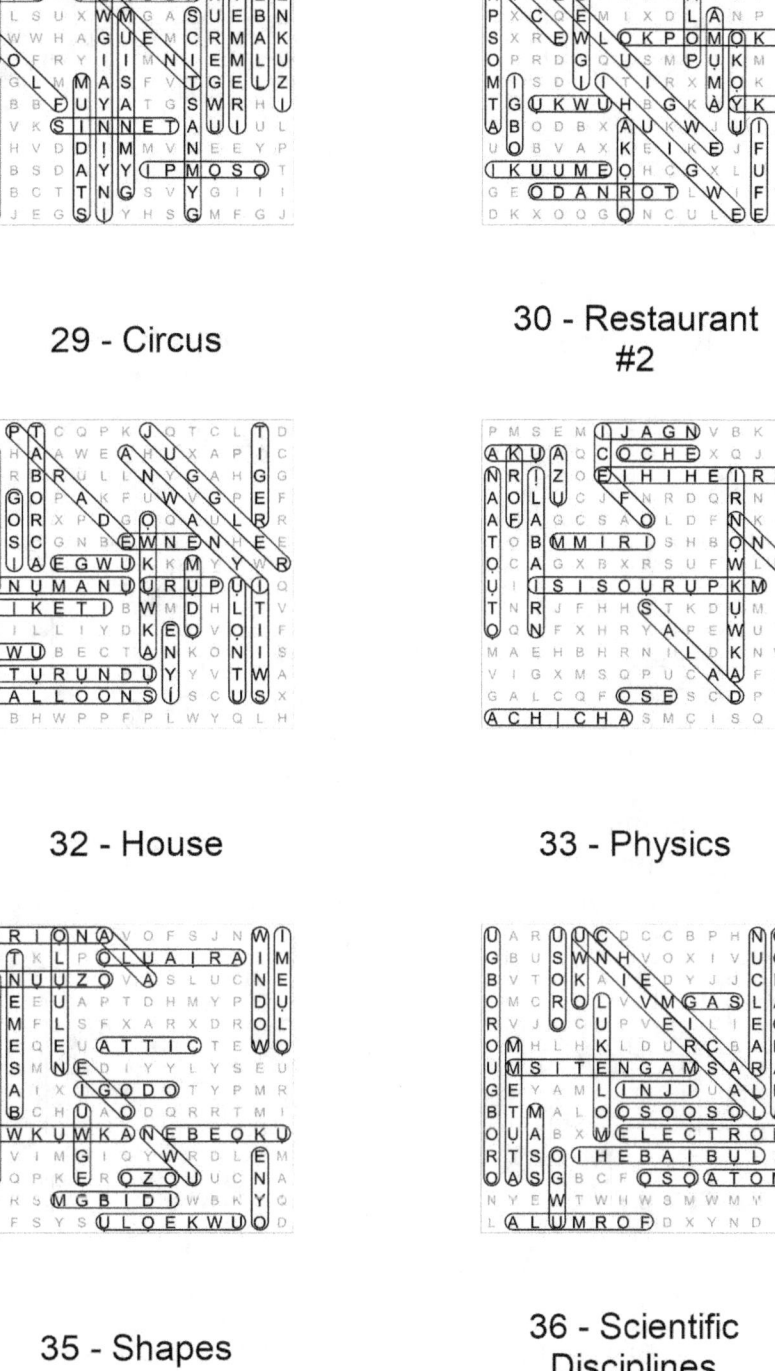

29 - Circus

30 - Restaurant #2

31 - Geology

32 - House

33 - Physics

34 - Colors

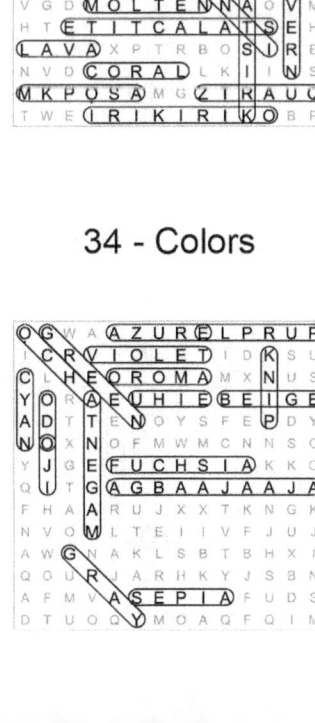

35 - Shapes

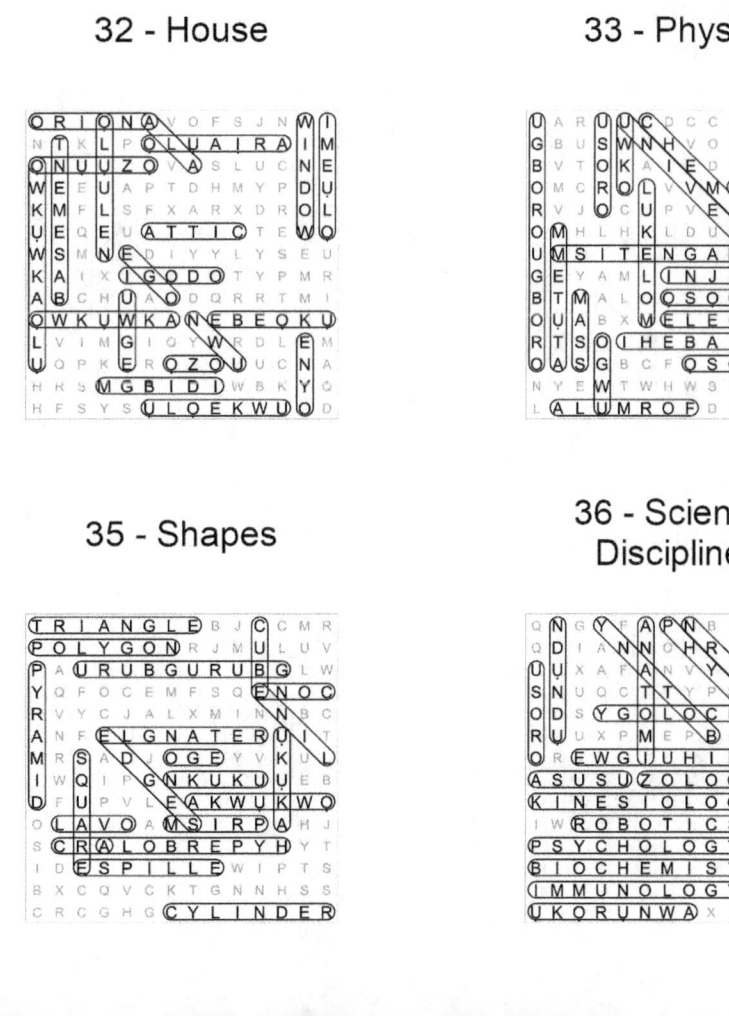

36 - Scientific Disciplines

37 - Science

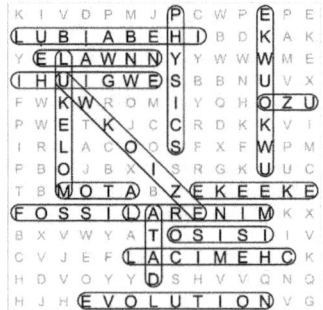

38 - Beauty

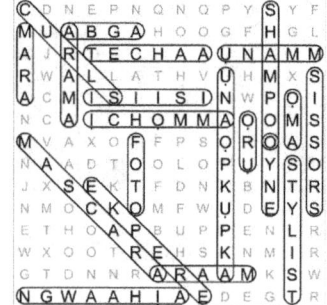

39 - Clothes

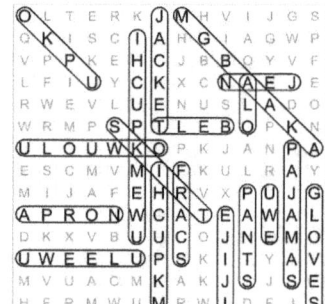

40 - Ethics

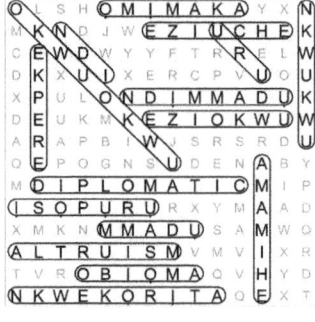

41 - Insects

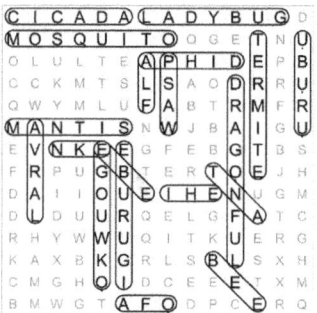

42 - Astronomy

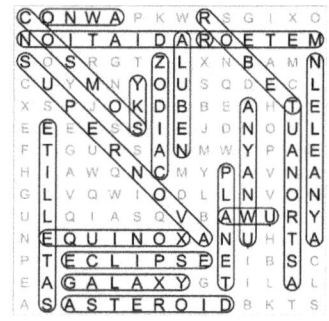

43 - Health and Wellness #2

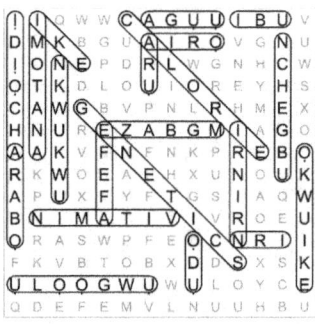

44 - Time

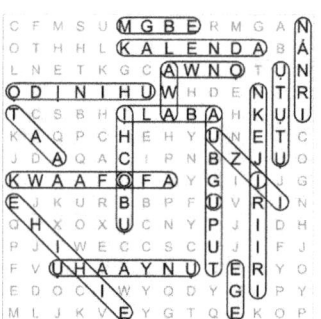

45 - Buildings

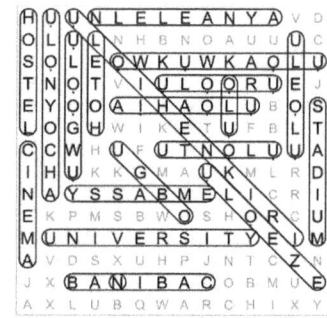

46 - Gardening

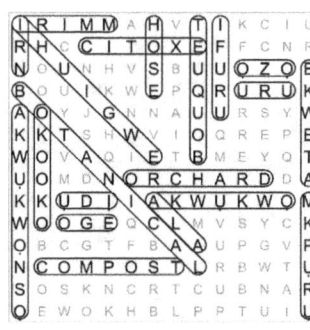

47 - Herbalism

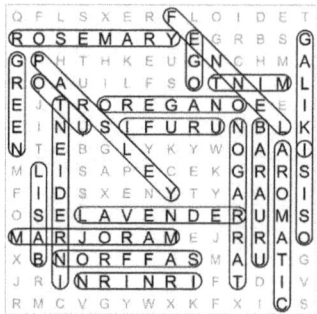

48 - Vehicles

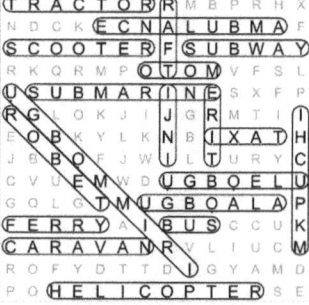

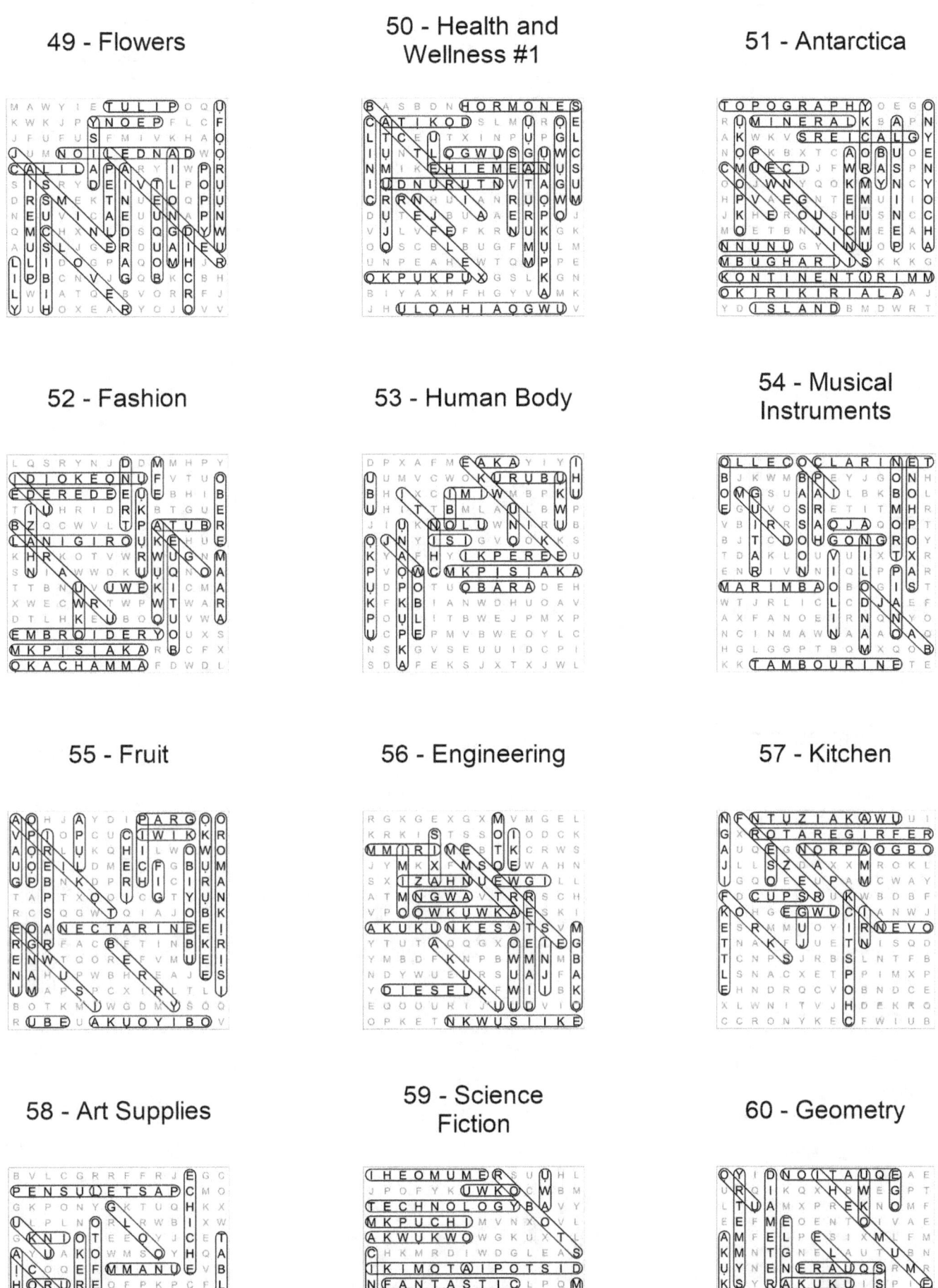

49 - Flowers

50 - Health and Wellness #1

51 - Antarctica

52 - Fashion

53 - Human Body

54 - Musical Instruments

55 - Fruit

56 - Engineering

57 - Kitchen

58 - Art Supplies

59 - Science Fiction

60 - Geometry

61 - Airplanes

62 - Ocean

63 - Force and Gravity

64 - Birds

65 - Nutrition

66 - Hiking

67 - Professions #1

68 - Barbecues

69 - Chocolate

70 - Vegetables

71 - Boats

72 - Driving

73 - Mythology

74 - Hair Types

75 - Garden

76 - Diplomacy

77 - Countries #1

78 - Adjectives #1

79 - Rainforest

80 - Technology

81 - Landscapes

82 - Visual Arts

83 - Plants

84 - Boxing

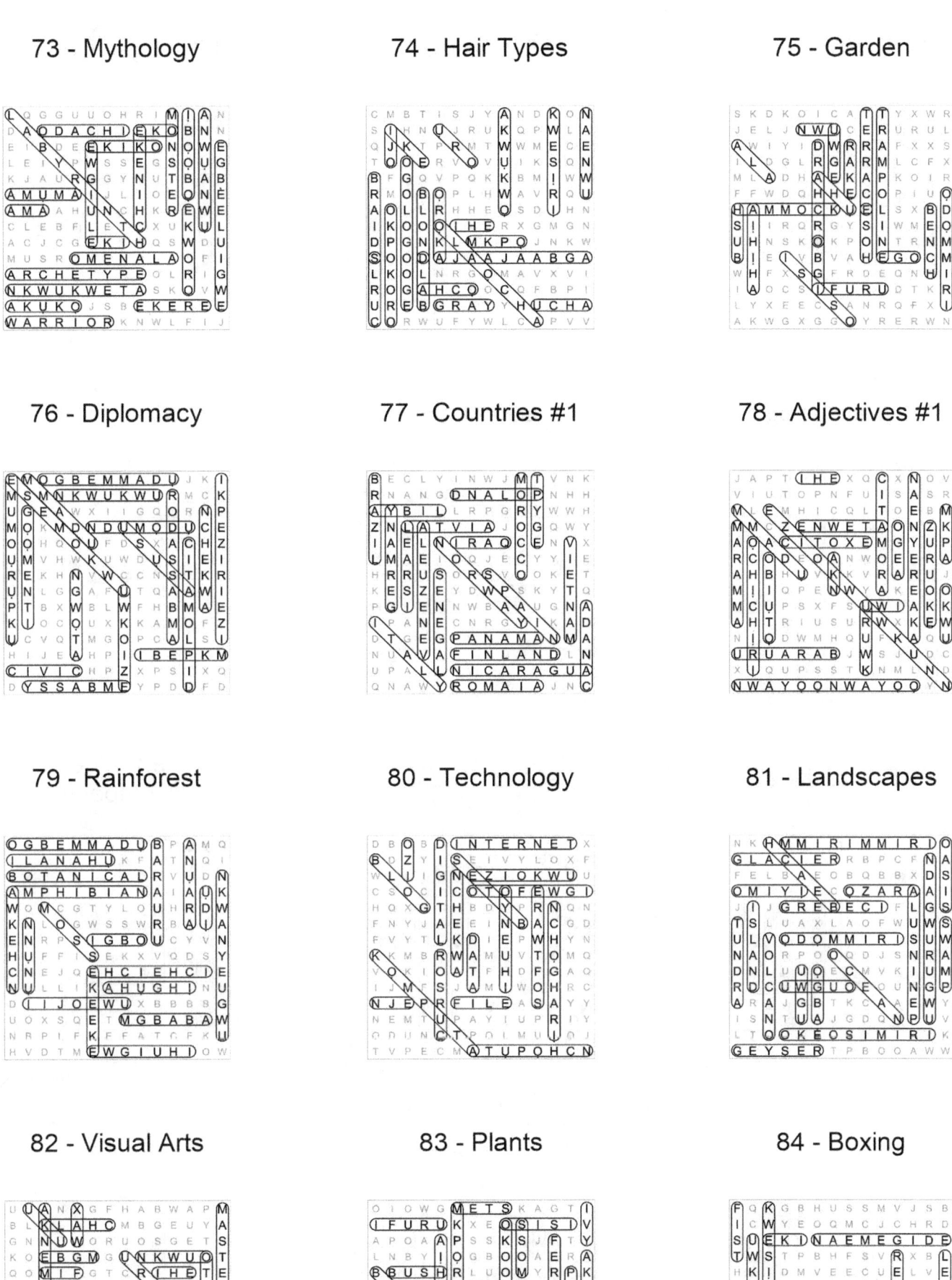

85 - Countries #2

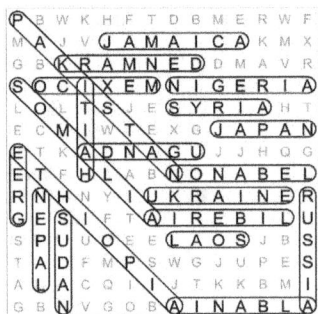

86 - Ecology

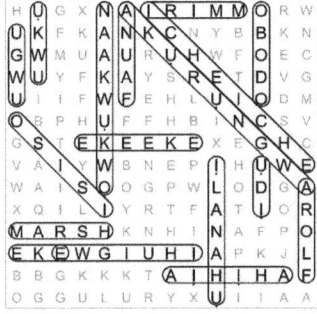

87 - Adjectives #2

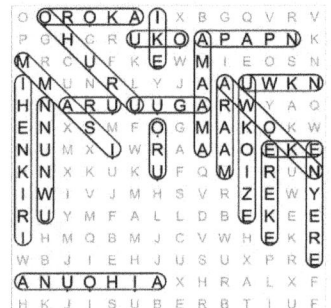

88 - Psychology

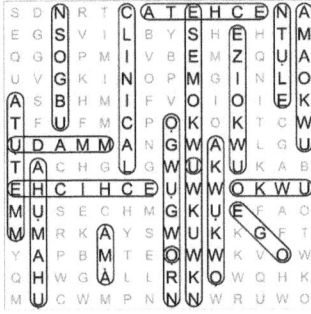

89 - Math

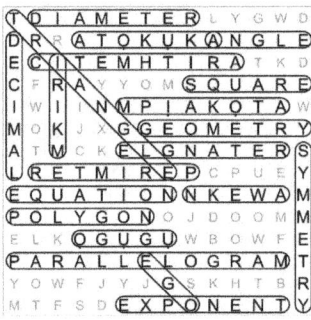

90 - Water

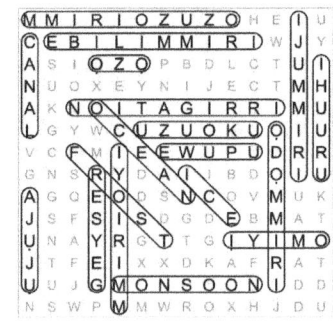

91 - Activities

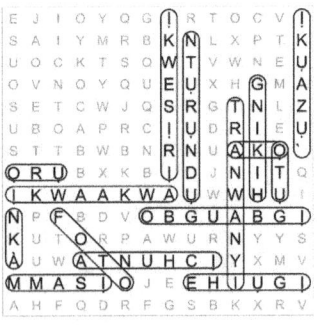

92 - Business

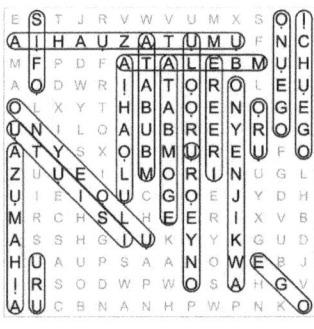

93 - The Company

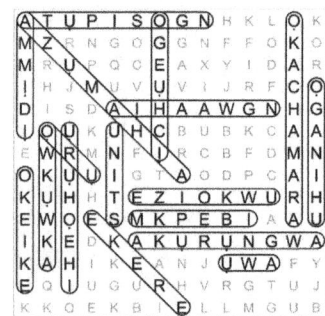

94 - Literature

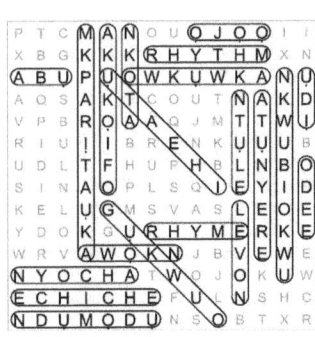

95 - Geography

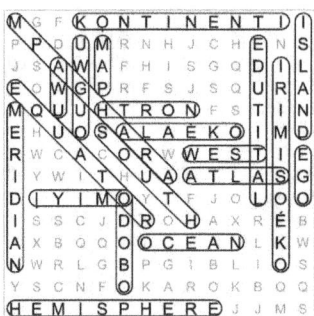

96 - Pets

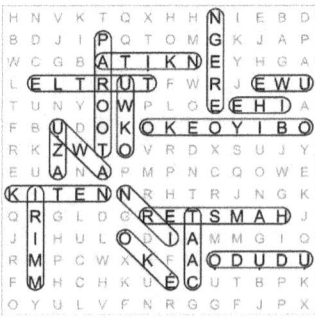

97 - Jazz

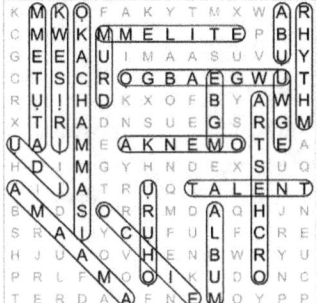

98 - Nature

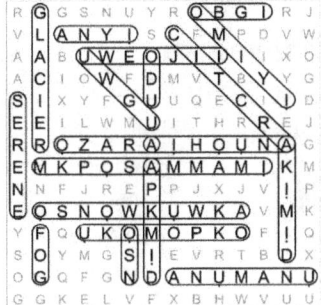

99 - Vacation #2

100 - Electricity

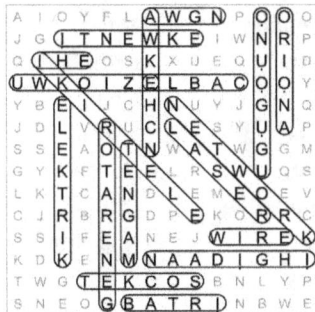

Dictionary

Activities
Ihe Omume

Activity	Ọrụ
Art	Art
Crafts	Ọka
Fishing	Ịkụ Azụ
Gardening	Ịgba Ugbo
Hiking	Hiking
Hunting	Ịchụ Nta
Interests	Mmasị
Knitting	Ịkwesịrị
Leisure	Ntụrụndụ
Magic	Anwanyi
Photography	Foto
Pleasure	Ụtọ
Reading	Ịgụ Ihe
Sewing	Ịkwa Akwa
Skill	Nkà

Adjectives #1
Nkọwa Okwu #1

Absolute	Zuru Oke
Aromatic	Aromatic
Artistic	Nkà
Beautiful	Mara Mma
Dark	Ọchịchịrị
Exotic	Exotic
Generous	Enweta
Happy	Obi Ụtọ
Heavy	Iwu
Helpful	Na-Enyere Aka
Honest	Eziokwu
Huge	Nnukwu
Identical	Mmadụ
Important	Mkpa
Modern	Oge A
Quiet	Kwuru
Serious	Okwu
Slow	Nwayọọ Nwayọọ
Thin	Ihe
Valuable	Bara Uru

Adjectives #2
Nkọwa Okwu #2

Authentic	Eziokwu
Creative	Ekere
Descriptive	Nkọwa
Dramatic	Ihe Nkiri
Dry	Akọrọ
Elegant	Maara
Famous	Ama Ama
Gifted	Enyere
Healthy	Ike
Hot	Ọkụ
Hungry	Agụụ
Interesting	Mmasị
Natural	Eke
New	Ọhụrụ
Normal	Nkwu
Proud	Npapa
Responsible	Ọrụ
Salty	Nnu Nwu
Sleepy	Ụra
Wild	Anụ Ọhịa

Adventure
Adventure

Activity	Ọrụ
Beauty	Ịma Mma
Chance	Ohere
Dangerous	Egwu
Destination	Ebe
Difficulty	Nsogbu
Excursion	Nmuta
Friends	Enyi
Itinerary	Nhazi Usoro
Joy	Ọṅụ
Nature	Eke Eke
Navigation	Navigation
New	Ọhụrụ
Preparation	Nkwadebe
Safety	Nchekwa
Surprising	Iju
Travels	Njem
Unusual	Na-Adịghị

Airplanes
Ụgbọ Elu

Adventure	Adventure
Air	Ikuku
Altitude	Ego
Atmosphere	Atmosphere
Balloon	Balloon
Construction	Owuwu
Crew	Ndị Ọrụ
Descent	Mụrụ
Design	Nhazi
Direction	Ndụmọdụ
Engine	Inji
Fuel	Mmanụ Ụgbọala
Height	Elu
History	Akụkọ
Hydrogen	Hydrogen
Landing	Ọdịda
Passenger	Onye Agafe
Pilot	Pilot
Sky	Sky
Turbulence	Ọgbaghara

Algebra
Algebra

Diagram	Eserese
Division	Nkewa
Equation	Equation
Exponent	Exponent
Factor	Ihe
False	Ụgha
Formula	Formula
Fraction	Akụkọta
Linear	Linear
Matrix	Matrix
Number	Nọmba
Parenthesis	Akwụkwọ Nke
Problem	Nsogbu
Quantity	Ọnụọgụgụ
Simplify	Mfe
Solution	Ngwọta
Solve	Kwụkwọ
Subtraction	Mbelata
Variable	Mgbanwe
Zero	Zero

Antarctica
Antarctica

Bay	Bay
Birds	Nnụnụ
Clouds	Uwe Ojii
Conservation	Nchekwa
Continent	Kọntinenti
Cove	Cove
Expedition	Mmụmụ
Geography	Okirikiri Ala
Glaciers	Glaciers
Ice	Ice
Islands	Island
Migration	Mbughari
Minerals	Mineral
Penguins	Penguins
Peninsula	Peninsula
Researcher	Onye Nyocha
Rocky	Rocky
Temperature	Okpomọkụ
Topography	Topography
Water	Mmiri

Antiques
Ihe Ochie

Art	Art
Auction	Auction
Authentic	Eziokwu
Century	Ná Nri
Coins	Ụwa
Collector	Onyankọta
Decorative	Ịchọ Mma
Elegant	Maara
Furniture	Arịa Ụlọ
Gallery	Osisi
Investment	Ịchụ Ego
Jewelry	Ọla
Old	Ochie
Price	Ọnụ Ahịa
Quality	Ịdị Mma
Restoration	Mweghachi
Sculpture	Ọkpụrukpụ
Style	Ụdị
Unusual	Na-Adịghị
Value	Uru

Archeology
Archaeology

Analysis	Nyocha
Bones	Ọkpụkpụ
Civilization	Oghere Anya
Descendant	Mụrụ
Era	Era
Evaluation	Nnwale
Expert	Ọkachamara
Forgotten	Echefuru
Fossil	Fossil
Fragments	Iberibe
Mystery	Ihe Omume
Objects	Ihe
Professor	Prọfesọ
Relic	Relic
Researcher	Onye Nyocha
Team	Otu
Temple	Ụlọ Nsọ
Tomb	Tomb
Unknown	Amabeghị
Years	Afọ

Art Supplies
Ngwaahịa Nka

Acrylic	Acrylic
Brushes	Ahịhịa
Camera	Igwefoto
Chair	Oche
Charcoal	Uku
Clay	Ụrọ
Creativity	Okere
Easel	Easel
Glue	Glọọ
Ideas	Echiche
Ink	Ink
Oil	Mmanụ
Paper	Akwụkwọ
Pastels	Pastel
Pencils	Pensụl
Table	Table
Water	Mmiri

Astronomy
Astronomy

Asteroid	Asteroid
Astronaut	Astronaut
Constellation	Constellation
Cosmos	Cosmos
Earth	Ụwa
Eclipse	Eclipse
Equinox	Equinox
Galaxy	Galaxy
Meteor	Meteor
Moon	Ọnwa
Nebula	Nebula
Observatory	Nlele Anya
Planet	Planet
Radiation	Radiation
Rocket	Robet
Satellite	Satellite
Sky	Sky
Solar	Anyanwụ
Supernova	Supernova
Zodiac	Zodiac

Barbecues
Anụ Anụ

Chicken	Ọkụkọ
Children	Ụmụaka
Dinner	Nri Abalị
Family	Ezinụlọ
Food	Nri
Forks	Forks
Friends	Enyi
Fruit	Mkpụrụ Osisi
Games	Egwuru Egwu
Hot	Ọkụ
Hunger	Agụụ
Knives	Mma
Lunch	Nri Ehihie
Music	Egwu
Salads	Salad
Salt	Nnu
Sauce	Sauce
Summer	Omume
Tomatoes	Tomato
Vegetables	Akwụkwọ Nri

Beauty
Mma

Charm	Mara
Color	Agba
Cosmetics	Ịchọ Mma
Curls	Curls
Elegance	Ọma
Elegant	Maara
Fragrance	Isi Isi
Grace	Amara
Lipstick	Ekpere
Makeup	Techaa
Mascara	Mascara
Mirror	Enyo
Oils	Mmanụ
Photogenic	Foto
Products	Ngwaahịa
Scissors	Sissors
Services	Ọrụ
Shampoo	Shampoo
Skin	Akpụkpọ Anụ
Stylist	Stylist

Bees
Anụ

Beneficial	Bara Uru
Blossom	Okooko
Diversity	Iche Iche
Ecosystem	Ecosystem
Flowers	Ifuru
Food	Nri
Fruit	Mkpụrụ Osisi
Garden	Oge
Hive	Hiv
Honey	Mmanụ Anụ
Insect	Ahụghị
Plants	Osisi
Pollen	Pollen
Pollinator	Pollinator
Queen	Queen
Smoke	Swu
Sun	Sun
Swarm	Swarm
Wax	Wax
Wings	Wings

Birds
Nnụnụ

Canary	Canary
Chicken	Ọkụkọ
Crow	Ụgba
Cuckoo	Cuckoo
Duck	Ọbọgwụ
Eagle	Ugo
Egg	Egg
Flamingo	Flamingo
Goose	Ọgazị
Gull	Gull
Heron	Heron
Ostrich	Ostrich
Parrot	Paroot
Peacock	Uku
Pelican	Pelican
Penguin	Penguin
Sparrow	Nza
Stork	Akwụkwọ
Swan	Swan
Toucan	Toucan

Boats
Ụgbọ Mmiri

Anchor	Arịlịka
Buoy	Buoy
Canoe	Canoe
Crew	Ndị Ọrụ
Dock	Dock
Engine	Inji
Ferry	Ferry
Kayak	Kayak
Lake	Ọdọ Mmiri
Mast	Mast
Nautical	Nautical
Ocean	Ocean
Raft	Raft
River	Omiyị
Rope	Ụdọ
Sailboat	Ụgbọ Mmiri
Sea	Oké Osimiri
Tide	Tide
Waves	Ebili Mmiri
Yacht	Yacht

Books
Akwụkwọ

Adventure	Adventure
Author	Odee
Character	Àmà
Collection	Mkpokọta
Duality	Ụwa Abụọ
Epic	Epic
Historical	Akụkọ
Humorous	Ọrụ
Inventive	Echere
Literary	Akwụkwọ
Narrator	Nkọta
Novel	Novel
Page	Ihe
Poetry	Abụ
Reader	Onye Na-Agụ
Relevant	Dị Mkpa
Series	Usoro
Tragic	Nsogbu
Words	Okwu
Written	Edeere

Boxing
Ịgba Ọkpọ

Bell	Mgbịrịgba
Body	Ahụ
Chin	Chin
Corner	Nkuku
Elbow	Elbow
Exhausted	Ike Agwụla Gị
Fighter	Ọgụ
Fist	Fist
Focus	Lekọsịrị
Gloves	Gloves
Kick	Kwesịrị
Opponent	Na-Emegide
Points	Ihe
Recovery	Nkwukwu
Referee	Referei
Ropes	Ụdọ
Skill	Nkà
Strength	Ike

Buildings
Ụlọ

Apartment	Ụlọ
Barn	Ban
Cabin	Cabin
Castle	Ụlọ Eze
Cinema	Cinema
Embassy	Embassy
Factory	Ụlọ Ọrụ
Farm	Ugbo
Hospital	Ụlọ Ọgwụ
Hostel	Hostel
Hotel	Hotel
Laboratory	Ụlọ Nyocha
Observatory	Nlele Anya
School	Ụlọ Akwụkwọ
Stadium	Stadium
Supermarket	Ụlọ Ahịa
Tent	Ụlọ Ntu
Theater	Ụlọ ihe Nkiri
Tower	Ụlọ Elu
University	University

Business
Azụmahịa

Budget	Ụmụta
Career	Ọrụ
Cost	Ọnụ Ego
Discount	Mbelata
Employee	Onye Ọrụ
Employer	Onye Ọlụ
Factory	Ụlọ Ọrụ
Import	Mbubata
Income	Ego Mbata
Investment	Ịchụ Ego
Manager	Onye Njikwa
Merchandise	Azụ Ahịa
Money	Ego
Office	Ọfịs
Profit	Uru
Sale	Ire Ere
Shop	Ụlọ Ahịa
Taxes	Ụtụ Isi
Transaction	Azụmahịa

Camping
Ịgba Ụlọikwuu

Adventure	Adventure
Animals	Anụmanụ
Cabin	Cabin
Canoe	Canoe
Compass	Compass
Fire	Ọkụ
Forest	Igbo
Fun	Fun
Hammock	Hammock
Hat	Okpu
Hunting	Ịchu Nta
Insect	Ahụghị
Lake	Ọdọ Mmiri
Map	Map
Moon	Ọnwa
Mountain	Ougwu
Nature	Eke Eke
Rope	Ụdọ
Tent	Ụlọ Ntu
Trees	Osisi

Chemistry
Chemistry

Acid	Acid
Alkaline	Alkaline
Atomic	Atomiki
Carbon	Karbon
Catalyst	Ọkwuta
Chlorine	Chlorine
Electron	Electron
Enzyme	Enzyme
Gas	Gas
Hydrogen	Hydrogen
Ion	Ion
Liquid	Mmiri
Metals	Ọla
Molecule	Molekul
Nuclear	Nuclear
Organic	Organik
Oxygen	Oxygen
Salt	Nnu
Temperature	Okpomọkụ
Weight	Ibu

Chocolate
Chocolate

Antioxidant	Antioxidant
Bitter	Omume
Cacao	Cacao
Calories	Kalori
Candy	Swiiti
Caramel	Caramel
Coconut	Akụ Oyibo
Delicious	Na-atọ Ụtọ
Exotic	Exotic
Favorite	Ọkacha Mmasị
Flavor	Ụtọ
Ingredient	Inredient
Peanuts	Egwu
Quality	Ịdị Mma
Recipe	Ntụziaka
Sugar	Sugar
Taste	Nụrụ Ụtọ

Circus
Cirkọs

Acrobat	Acrobat
Animals	Anụmanụ
Balloons	Balloons
Candy	Swiiti
Clown	Owu
Costume	Akwụkwọ
Elephant	Enyí
Entertain	Ntụrụndụ
Juggler	Juggler
Lion	Ọdụm
Magic	Anwanyi
Monkey	Enwe
Music	Egwu
Parade	Parade
Show	Gosi
Spectacular	Pụrụ
Tent	Ụlọ Ntu
Ticket	Tiketi
Tiger	Tiger
Trick	Aghụghọ

Clothes
Uwe

Apron	Apron
Belt	Belt
Blouse	Mkpuchi
Bracelet	Mgbaaka
Coat	Uwe Mkpuchi
Dress	Uwe
Fashion	Ejiji
Gloves	Gloves
Hat	Okpu
Jacket	Jacket
Jeans	Jean
Jewelry	Ọla
Necklace	Okwu Olu
Pajamas	Pajamas
Pants	Pants
Scarf	Scarf
Shirt	Uwe Elu
Shoe	Akpụkpọ Ụkwụ
Skirt	Skirt
Sweater	Ụwa

Colors
Agba

Azure	Azure
Beige	Beige
Black	Oji
Brown	Agba aja Aja
Cyan	Cyan
Fuchsia	Fuchsia
Green	Green
Grey	Gray
Magenta	Magenta
Orange	Oroma
Pink	Pink
Purple	Purple
Red	Uhie
Sepia	Sepia
Violet	Violet
White	Ọcha
Yellow	Odo

Countries #1
Mba #1

Brazil	Brazil
Canada	Canada
Egypt	Egypt
Finland	Finland
Germany	Germany
Iraq	Iraq
Israel	Israel
Italy	Italy
Latvia	Latvia
Libya	Libya
Morocco	Morocco
Nicaragua	Nicaragua
Norway	Norway
Panama	Panama
Poland	Poland
Romania	Romaia
Senegal	Senegal
Spain	Spain
Venezuela	Venezuela
Vietnam	Vietnam

Countries #2
Mba #2

Albania	Albania
Denmark	Denmark
Ethiopia	Ethiopia
Greece	Gree
Haiti	Haiti
Jamaica	Jamaica
Japan	Japan
Laos	Laos
Lebanon	Lebanon
Liberia	Liberia
Mexico	Mexico
Nepal	Nepal
Nigeria	Nigeria
Pakistan	Pakistan
Russia	Russia
Somalia	Somalia
Sudan	Sudan
Syria	Syria
Uganda	Uganda
Ukraine	Ukraine

Days and Months
Ụbọchị na Ọnwa

April	April
August	August
Calendar	Kalenda
February	February
Friday	Friday
January	Jenụwarị
July	July
March	Mach
May	Mee
Monday	Monday
Month	Ọnwa
November	November
October	Oktoba
Saturday	Saturday
September	September
Sunday	Sunday
Thursday	Ụbọchị
Tuesday	Tuesday
Week	I Izu
Year	Afọ

Diplomacy
Diplomacy

Adviser	Ndụmọdụ
Ambassador	Ambassador
Civic	Civic
Community	Ogbe Mmadụ
Conflict	Esemokwu
Cooperation	Nkwukwu
Diplomatic	Diplomatic
Discussion	Mkparịta Ụka
Embassy	Embassy
Ethics	Ụkpụrụ Omume
Government	Gọọmenti
Humanitarian	Mmadụ
Integrity	Eziokwu
Justice	Ikpe Ziri Ezi
Languages	Asụsụ
Resolution	Mkpebi
Security	Nchekwa
Solution	Ngwọta
Treaty	Nkwekọrịta

Driving
Inya Ugbo Ala

Accident	Ihe Mberede
Brakes	Brek
Bus	Bus
Danger	Ihe Egwu
Driver	Okwo Ugboala
Fuel	Mmanu Ugboala
Garage	Egwu
Gas	Gas
License	Ikikere
Map	Map
Motorcycle	Moto
Police	Ndi uwe Ojii
Road	Ozu
Safety	Nchekwa
Speed	Oso
Street	Street
Traffic	Okporo Uzo
Transportation	Ugbo Njem
Truck	Ugbo Ala
Tunnel	Tunnel

Ecology
Ecology

Climate	Ihu Igwe
Communities	Obodo
Diversity	Iche Iche
Drought	Ukwu
Fauna	Fauna
Flora	Flora
Marine	Mmiri
Marsh	Marsh
Mountains	Ugwu
Natural	Eke
Nature	Eke Eke
Plants	Osisi
Resources	Akurungwa
Species	Udi
Survival	Ilanahu
Sustainable	Na-Akwukwo
Vegetation	Ahihia

Electricity
Eletrik

Battery	Batri
Cable	Cable
Electric	Eletriki
Electrician	Elektrik
Equipment	Ngwa
Generator	Generator
Lamp	Oriona
Laser	Laser
Magnet	Magnet
Negative	Na-Adighi
Network	Network
Objects	Ihe
Positive	Eziokwu
Quantity	Onuogugu
Socket	Socket
Storage	Nchekwa
Telephone	Ekwenti
Wires	Wire

Energy
Ike

Battery	Batri
Carbon	Karbon
Diesel	Diesel
Electric	Eletriki
Electron	Electron
Engine	Inji
Entropy	Nbanye
Gasoline	Mmanu Ugboala
Heat	Okpomoku
Hydrogen	Hydrogen
Motor	Moto
Nuclear	Nuclear
Photon	Foto
Pollution	Mmetuta
Steam	Uzuoku
Sun	Sun
Turbine	Turbine
Wind	Ifufe

Engineering
Injinia

Angle	Akuku
Axis	Axis
Calculation	Mgbako
Construction	Owuwu
Depth	Omimi
Diagram	Eserese
Diameter	Diameter
Diesel	Diesel
Dimensions	Akuku
Distribution	Nkesa
Energy	Ike
Engine	Inji
Gears	Ngwa
Levers	Akwukwo
Liquid	Mmiri
Machine	Igwe
Measurement	Nhazi
Motor	Moto
Propulsion	Mmuta
Stability	Nkwusi Ike

Ethics
Ukpuru Omume

Altruism	Altruism
Compassion	Omimaka
Cooperation	Nkwukwu
Dignity	Isopuru
Diplomatic	Diplomatic
Humanity	Mmadu
Individualism	Ndi Mmadu
Integrity	Eziokwu
Kindness	Obioma
Optimism	Okwu Okwu
Patience	Ndi
Rationality	Eziokwu
Realism	Eziokwu
Reasonable	Ezi Uche
Respectful	Ekpere
Tolerance	Nkwekorita
Values	Uru
Wisdom	Amamihe

Exploration
Nchọgharị

Activity	Ọrụ
Animals	Anụmanụ
Courage	Obi Ike
Cultures	Omenala
Determination	Mkpebi
Discovery	Nchọpụta
Distant	Anya
Excitement	Na-Enweta
Exhaustion	Egwu Agwụ
Language	Asụsụ
New	Ọhụrụ
Perilous	Okwu
Space	Oghere
Terrain	Ala
Travel	Njem
Unknown	Amabeghị
Wild	Anụ Ọhịa

Family
Ezinụlọ

Ancestor	Nna Nna
Aunt	Ant
Brother	Nwanne
Child	Nwa
Children	Ụmụaka
Cousin	Nwanne Nna
Daughter	Ada
Grandmother	Nne Nne
Grandson	Nwa Nwa
Husband	Di
Mother	Nne
Nephew	Nwa Nwanne
Niece	Niece
Paternal	Nna
Sister	Sister
Twins	Ejima
Uncle	Nne
Wife	Nwunye

Farm #1
Ugbo #1

Agriculture	Ọrụ Ugbo
Bee	Bee
Bison	Bison
Calf	Calf
Cat	Caat
Chicken	Ọkụkọ
Cow	Ehi
Crow	Ụgba
Dog	Nkịta
Donkey	Ịnyịnya Ibu
Fence	Nwu
Fertilizer	Fertilizer
Field	Oge
Goat	Ewu
Hay	Hay
Honey	Mmanụ Aṅụ
Horse	Ịnyịnya
Rice	Osikapa
Seeds	Mkpụrụ
Water	Mmiri

Farm #2
Ugbo #2

Animals	Anụmanụ
Barley	Barley
Barn	Ban
Beehive	Anụ
Corn	Ọka
Duck	Ọbọgwụ
Farmer	Onye ọrụ Ugbo
Food	Nri
Fruit	Mkpụrụ Osisi
Irrigation	Irrigation
Lamb	Nwa Atụrụ
Llama	Llama
Meadow	Ụwa
Milk	Mmiri Ara
Orchard	Orchard
Ripe	Karịa
Sheep	Atụrụ
Tractor	Tractor
Wheat	Ihe
Windmill	Igbo

Fashion
Ejiji

Affordable	Okwu
Boutique	Boutique
Buttons	Bụta
Clothing	Uwe
Elegant	Maara
Embroidery	Embroidery
Expensive	Ịdị oké Ọnụ
Fabric	Akwụkwọ
Lace	Mkpịsị Aka
Measurements	Nhazi
Minimalist	Obere
Modern	Oge A
Modest	Ọkacha Mma
Original	Original
Pattern	Ụkpụrụ
Practical	Bara Uru
Simple	Mfe
Style	Ụdị
Texture	Ederede
Trend	Trend

Fishing
Ịkụ Azụ̀

Bait	Bait
Basket	Basket
Beach	Beach
Boat	Ụgbọ Mmiri
Cook	Site
Equipment	Ngwa
Exaggeration	Nkwukọrịta
Gills	Gills
Hook	Nko
Jaw	Jaw
Lake	Ọdọ Mmiri
Ocean	Ocean
Patience	Ndi
River	Omiyi
Season	Oge
Water	Mmiri
Weight	Ibu

Flowers
Okooko Osisi

Bouquet	Bouquet
Clover	Clover
Daisy	Daisy
Dandelion	Dandelion
Gardenia	Gardenia
Hibiscus	Hibiscus
Jasmine	Jasmine
Lavender	Lavender
Lilac	Lilac
Lily	Lily
Magnolia	Magnolia
Orchid	Orchid
Peony	Peony
Petal	Petal
Plumeria	Plumeria
Poppy	Poppy
Sunflower	Ụfọọrụ Ụnwu
Tulip	Tulip

Food #1
Nri #1

Apricot	Aprịkọt
Barley	Barley
Basil	Basil
Carrot	Karọt
Cinnamon	Cinnamon
Garlic	Galiki
Juice	Ihe Ọṅụṅụ
Lemon	Oroma Nkịrịsị
Milk	Mmiri Ara
Onion	Yabasị
Peanut	Apụta
Pear	Ube
Salad	Salad
Salt	Nnu
Soup	Ofe
Spinach	Akwụkwọ Nri
Strawberry	Strọberị
Sugar	Sugar
Tuna	Tuna
Turnip	Atụgharị

Food #2
Nri #2

Apple	Apụl
Artichoke	Atịchok
Banana	Unere
Bread	Achịcha
Broccoli	Brọkọlị
Celery	Celery
Cheese	Chineke
Cherry	Cherị
Chicken	Ọkụkọ
Chocolate	Chocolate
Egg	Egg
Eggplant	Eggplant
Fish	Azụ
Grape	Grap
Kiwi	Kiwi
Mushroom	Ero
Rice	Osikapa
Tomato	Tomato
Wheat	Ihe
Yogurt	Yogurt

Force and Gravity
Ike na ike Ndọda

Axis	Axis
Center	Enter
Discovery	Nchọpụta
Distance	Anya
Dynamic	Dịmịka
Expansion	Mgbakwunye
Friction	Nkwukwu
Impact	Mmetụta
Magnetism	Magnetism
Mechanics	Usoro
Orbit	Orbit
Physics	Physics
Pressure	Nsogbu
Properties	Ala
Speed	Ọsọ
Time	Oge
Universal	Universal
Weight	Ibu

Fruit
Mkpụrụ Osisi

Apple	Apụl
Apricot	Aprịkọt
Avocado	Ube Oyibo
Banana	Unere
Berry	Berry
Cherry	Cherị
Coconut	Akụ Oyibo
Fig	Fig
Grape	Grap
Guava	Guava
Kiwi	Kiwi
Lemon	Oroma Nkịrịsị
Mango	Mango
Melon	Egwusi
Nectarine	Nectarine
Papaya	Pọọpọ
Peach	Piich
Pear	Ube
Pineapple	Ọkwụrụ Bekee
Raspberry	Raspberị

Garden
Ubi

Bench	Bench
Bush	Bush
Fence	Nwu
Flower	Ifuru
Garage	Egwu
Garden	Oge
Grass	Ahịhịa
Hammock	Hammock
Hose	Hose
Lawn	Ahụ
Orchard	Orchard
Pond	Ọdọ Mmiri
Rake	Rake
Soil	Ala
Terrace	Terrace
Trampoline	Trampoline
Tree	Osisi
Weeds	Igbo

Gardening
Ịgba Ugbo

Blossom	Okooko
Botanical	Botanical
Bouquet	Bouquet
Climate	Ihu Igwe
Compost	Compost
Container	Ekweta
Dirt	Uru
Edible	Nri
Exotic	Exotic
Floral	Ifuru
Foliage	Akwụkwọ Nsọ
Hose	Hose
Leaf	Akwụkwọ
Moisture	Ọzọ
Orchard	Orchard
Seasonal	Oge
Seeds	Mkpụrụ
Soil	Ala
Species	Ụdị
Water	Mmiri

Geography
Geography

Altitude	Ego
Atlas	Atlas
Continent	Kọntinenti
Country	Obodo
Equator	Equator
Hemisphere	Hemisphere
Island	Island
Latitude	Latitude
Map	Map
Meridian	Meridian
Mountain	Ougwu
North	North
Ocean	Ocean
Region	Mpaghara
River	Omiyị
Sea	Oké Osimiri
South	South
Territory	Ókèala
West	West
World	Ụwa

Geology
Geology

Acid	Acid
Calcium	Calcium
Cavern	Cavern
Continent	Kọntinenti
Coral	Coral
Crystals	Kristal
Cycles	Ọkụkwuo
Erosion	Mkpọsa
Fossil	Fossil
Geyser	Geyser
Lava	Lava
Layer	Okirikiri
Minerals	Mineral
Molten	Molten
Plateau	Plateau
Quartz	Quartz
Salt	Nnu
Stalactite	Stalactite
Stone	Nkume
Volcano	Volcano

Geometry
Geometry

Angle	Akuku
Calculation	Mgbakọ
Circle	Oge
Curve	Akwụkwọ
Diameter	Diameter
Dimension	Akụkụ
Equation	Equation
Horizontal	Horizontal
Logic	Echiche
Mass	Mass
Median	Median
Number	Nọmba
Parallel	Mkiri
Proportion	Ọrụ
Square	Square
Surface	Elu
Symmetry	Symmetry
Theory	Ihe Omume
Triangle	Triangle
Vertical	Okwu

Hair Types
Ụdị Ntutu

Bald	Bald
Black	Oji
Blond	Blond
Braided	Kwesịrị
Braids	Braids
Brown	Agba aja Aja
Colored	Ụcha
Curls	Curls
Dry	Akọrọ
Gray	Gray
Healthy	Ike
Long	Ogologo Oge
Shiny	Na-Enwu
Short	Mkpọ
Silver	Ọlaọcha
Soft	Ụrọ
Thick	Okpokoro
Thin	Ihe
Wavy	Akwụkwọ
White	Ọcha

Health and Wellness #1
Ahụike na Ahụike #1

Active	Na-eme Ihe
Bacteria	Bacteria
Bones	Ọkpụkpụ
Clinic	Clinic
Doctor	Dọkịta
Fracture	Ọjụrụ
Habit	Ụmụta
Height	Elu
Hormones	Hormones
Hunger	Agụụ
Injury	Mmurụta
Medicine	Ọgwụ
Muscles	Muscles
Nerves	Nerves
Pharmacy	Ụlọ Ahịa Ọgwụ
Reflex	Reflex
Relaxation	Ntụrụndụ
Skin	Akpụkpọ Anụ
Treatment	Ọgwụgwọ
Virus	Nje

Health and Wellness #2
Ahụike na Ahụike #2

Allergy	Afefe
Anatomy	Anatomi
Appetite	Aguụ
Blood	Ọbara
Calorie	Calorie
Dehydration	Ọkwu Ike
Diet	Nri
Digestion	Mgbaze
Energy	Ike
Genetics	Genetics
Hospital	Ụlọ Ọgwụ
Hygiene	Ịdị Ọcha
Infection	Ọrịa
Mood	Ọdụ
Nutrition	Nri Nri
Recovery	Nkwukwu
Sleep	Ụra
Stress	Nchegbu
Vitamin	Vitamin
Weight	Ibu

Herbalism
Herbalism

Aromatic	Aromatic
Basil	Basil
Beneficial	Bara Uru
Culinary	Nri Nri
Fennel	Fennel
Flavor	Ụtọ
Flower	Ifuru
Garden	Oge
Garlic	Galiki
Green	Green
Ingredient	Inredient
Lavender	Lavender
Marjoram	Marjoram
Mint	Mint
Oregano	Oregano
Parsley	Parsley
Plant	Osisi
Rosemary	Rosemary
Saffron	Saffron
Tarragon	Tarragon

Hiking
Ime Njem

Animals	Anụmanụ
Boots	Akpụkpọ Ụkwụ
Cliff	Cliff
Climate	Ihu Igwe
Guides	Ntụziaka
Heavy	Iwu
Map	Map
Mosquitoes	Ụmụta
Mountain	Ougwu
Nature	Eke Eke
Orientation	Nhazi
Preparation	Nkwadebe
Stones	Nkume
Summit	Sumit
Sun	Sun
Tired	Ike Gwụla
Water	Mmiri
Wild	Anụ Ọhịa

House
Ụlọ

Attic	Attic
Basement	Basement
Broom	Akwụkwọ
Door	Ọnụ Ụzọ
Fence	Nwu
Fireplace	Ebe Ọkụ
Floor	Ala
Furniture	Arịa Ụlọ
Garage	Egwu
Garden	Oge
Keys	Igodo
Kitchen	Ụlọ Ekwu
Lamp	Oriọna
Library	Ụlọ Akwụkwọ
Mirror	Enyo
Roof	N'elu Ụlọ
Room	Ime Ụlọ
Shower	Ọzọ
Wall	Mgbidi
Window	Window

Human Body
Ahụ Mmadụ

Ankle	Ekwu Ike
Blood	Ọbara
Bones	Ọkpụkpụ
Brain	Ụbụrụ
Chin	Chin
Ear	Ntị
Elbow	Elbow
Face	Ihu
Finger	Mkpịsị Aka
Hand	Aka
Head	Isi
Heart	Obi
Jaw	Jaw
Knee	Ikpere
Leg	Ụkwụ
Mouth	Ọnu
Neck	N'Olu
Nose	Imi
Shoulder	Ubu
Skin	Akpụkpọ Anụ

Insects
Ụmụ Ahụhụ

Ant	Ant
Aphid	Aphid
Bee	Bee
Beetle	Ebe
Butterfly	Ụbụrụ
Cicada	Cicada
Cockroach	Ọkwu Oge
Dragonfly	Dragọnful
Flea	Fla
Grasshopper	Afọ
Ladybug	Ladybug
Larva	Larva
Locust	Igurube
Mantis	Mantis
Mosquito	Mosquito
Moth	Nke
Termite	Termite
Wasp	Wasp
Worm	Ihe

Jazz
Jazz

Album	Album
Artist	Omenkà
Composition	Mgbe
Concert	Ọgba Egwu
Drums	Drum
Emphasis	Kwesịrị
Famous	Ama Ama
Favorites	Ọkacha Mmasị
Improvisation	Mmelite
Influences	Mmetụta
Music	Egwu
New	Ọhụrụ
Old	Ochie
Orchestra	Orchestra
Rhythm	Rhythm
Song	Abụ
Style	Ụdị
Talent	Talent
Technique	Technique

Kitchen
Ụlọ Nri

Apron	Apron
Bowl	Ụwa
Chopsticks	Chopstick
Cups	Cups
Food	Nri
Forks	Forks
Freezer	Frezer
Grill	Egwu
Jug	Jug
Kettle	Kettle
Knives	Mma
Napkin	Napkin
Oven	Oven
Recipe	Ntụziaka
Refrigerator	Refrigerator
Spices	Ose
Sponge	Ogbo
Spoons	Ngaji

Landscapes
Okirikiri Ala

Beach	Beach
Cave	Ọgba
Desert	Ọzara
Geyser	Geyser
Glacier	Glacier
Hill	Ugwu
Iceberg	Iceberg
Island	Island
Lake	Ọdọ Mmiri
Mountain	Ougwu
Oasis	Oasis
Ocean	Ocean
Peninsula	Peninsula
River	Omiyị
Sea	Oké Osimiri
Swamp	Swamp
Tundra	Tundra
Valley	Ndagwurugwu
Volcano	Volcano
Waterfall	Mmiri Mmiri

Literature
Akwụkwọ

Analogy	Ntụle
Analysis	Nyocha
Anecdote	Akwụkwọ
Author	Odee
Biography	Ndụmọdụ
Comparison	Atụnyere
Conclusion	Nkwubiokwu
Description	Nkọwa
Dialogue	Mkparịta Ụka
Fiction	Akụkọ Ifo
Metaphor	Ihe Atụ
Narrator	Nkọta
Novel	Novel
Opinion	Echiche
Poem	Abụ
Rhyme	Rhyme
Rhythm	Rhythm
Style	Ụdị
Theme	Gụkwuo
Tragedy	Ọjọọ

Mammals
Anụ Anụ

Bear	Bia
Beaver	Beaver
Bull	Oke Ehi
Cat	Caat
Coyote	Coyote
Dog	Nkịta
Dolphin	Dolphin
Elephant	Enyí
Fox	Fox
Giraffe	Giraffe
Gorilla	Gorilla
Horse	Ịnyịnya
Kangaroo	Kangaroo
Lion	Ọdụm
Monkey	Enwe
Rabbit	Oke Oyibo
Sheep	Atụrụ
Whale	Wale
Wolf	Wolf
Zebra	Zebra

Math
Mgbakọ na Mwepụ

Angles	Angle
Arithmetic	Arithmetic
Circumference	Oge
Decimal	Decimal
Diameter	Diameter
Division	Nkewa
Equation	Equation
Exponent	Exponent
Fraction	Akụkọta
Geometry	Geometry
Numbers	Ọgụgụ
Parallel	Mkiri
Parallelogram	Parallelogram
Perimeter	Perimter
Polygon	Polygon
Rectangle	Retangle
Square	Square
Symmetry	Symmetry
Triangle	Triangle
Volume	Mpịakọta

Measurements
Ntụle

Byte	Byte
Centimeter	Centtimeter
Decimal	Decimal
Degree	Degree
Depth	Omimi
Gram	Gram
Height	Elu
Inch	Inch
Kilogram	Kilogram
Kilometer	Kilometer
Length	Ogologo
Liter	Liter
Mass	Mass
Meter	Meter
Minute	Nkeji
Ounce	Ounce
Ton	Ton
Volume	Mpịakọta
Weight	Ibu
Width	Obosara

Meditation
Ntụgharị Uche

Acceptance	Nnabata
Attention	Ntị
Awake	Teta
Calm	Ụyọkọ
Compassion	Ọmịmaka
Emotions	Mmetụta
Gratitude	Ekele
Habits	Omume
Kindness	Obiọma
Mental	Uche
Movement	Movement
Music	Egwu
Nature	Eke Eke
Peace	Udo
Perspective	Nkwuo
Posture	Postul
Silence	Gbachi Nkịtị
Teachings	Nkuzi
Thoughts	Echiche

Music
Egwu

Album	Album
Ballad	Ballad
Chorus	Korus
Classical	Klaasị
Harmonic	Harmonic
Harmony	Harmony
Instrument	Ngwa Ngwa
Melody	Egwu
Melody	Egwu
Microphone	Igwe Igwe
Musical	Egwu
Musician	Egwu
Opera	Opera
Recording	Edeko
Rhythm	Rhythm
Rhythmic	Rhythmic
Sing	Abụ
Singer	Onye Abụọ
Tempo	Tempo
Vocal	Okwu

Musical Instruments
Ngwa Egwu

Banjo	Banjo
Bassoon	Bassoon
Cello	Cello
Clarinet	Clarinet
Drum	Drum
Flute	Ọjà
Gong	Gong
Guitar	Guitar
Harp	Harap
Mandolin	Mandolin
Marimba	Marimba
Oboe	Oboe
Piano	Piano
Saxophone	Saxophone
Tambourine	Tambourine
Trombone	Trombon
Trumpet	Opi
Violin	Violin

Mythology
Akụkọ Ifo

Archetype	Archetype
Behavior	Àmà
Beliefs	Nkwukweta
Creation	Okike
Creature	Ekere
Culture	Omenala
Deities	Chineke
Disaster	Ọdachi
Heaven	Eluigwe
Hero	Oke
Jealousy	Ekworo
Labyrinth	Labyrinth
Legend	Akụkọ
Lightning	Àmụmà
Monster	Monster
Mortal	Anwụ Anwụ
Revenge	Ịbọ Ọbọ
Strength	Ike
Thunder	Egbè Eluigwe
Warrior	Warrior

Nature
Ọdịdị

Animals	Anụmanụ
Arctic	Arctic
Beauty	Ịma Mma
Bees	Anyị
Clouds	Uwe Ojii
Desert	Ọzara
Dynamic	Dịmịka
Erosion	Mkpọsa
Fog	Fog
Foliage	Akwụkwọ Nsọ
Forest	Igbo
Glacier	Glacier
Mountains	Ugwu
Peaceful	Udo
River	Omiyị
Sanctuary	Nsọ
Serene	Serene
Tropical	Okpomọkụ
Vital	Dị Mkpa
Wild	Anụ Ọhịa

Numbers
Ọnụọgụ

Decimal	Decimal
Eight	Akwụkwọ
Eighteen	Iri na Asatọ
Fifteen	Iri na Ise
Five	Ise
Four	Anụ
Fourteen	Iri na Anọ
Nine	Itoolu
Nineteen	Iri na Itolu
One	Otu
Seven	Asaa
Seventeen	Iri na Asaa
Six	Isii
Sixteen	Iri na Isii
Ten	Iri
Thirteen	Iri na Atọ
Three	Ato
Twelve	Iri na Abụọ
Twenty	Iri Abụọ
Two	Abụọ

Nutrition
Nri Nri

Appetite	Agụụ
Balanced	Nkwukwu
Bitter	Omume
Calories	Kalori
Carbohydrates	Carbohydrates
Diet	Nri
Digestion	Mgbaze
Fermentation	Ikwu
Flavor	Ụtọ
Health	Ahuike
Healthy	Ike
Liquids	Mmiri Mmiri
Nutrient	Nri Nri
Proteins	Protein
Quality	Ịdị Mma
Sauce	Sauce
Spices	Ose
Toxin	Nsí
Vitamin	Vitamin
Weight	Ibu

Ocean
Oke Osimiri

Algae	Algae
Coral	Coral
Crab	Nshịkọ
Dolphin	Dolphin
Eel	Eel
Fish	Azụ
Jellyfish	Jellyfish
Octopus	Ọktopus
Oyster	Oporo
Reef	Reef
Salt	Nnu
Seaweed	Onyinye
Shark	Akụm
Shrimp	Shrimp
Sponge	Ogbo
Storm	Igbo
Tides	Ndụmọdụ
Tuna	Tuna
Turtle	Turtle
Whale	Wale

Pets
Anụ Ụlọ

Cat	Caat
Claws	Ụwa
Collar	Okwu
Cow	Ehi
Dog	Nkịta
Fish	Azụ
Food	Nri
Goat	Ewu
Hamster	Hamster
Kitten	Kiten
Lizard	Ngere
Mouse	Òké
Parrot	Paroot
Rabbit	Oke Oyibo
Tail	Ọdụdụ
Turtle	Turtle
Water	Mmiri

Photography
Foto

Black	Oji
Camera	Igwefoto
Color	Agba
Composition	Mgbe
Contrast	Ọdịiche
Darkness	Ọchịchịrị
Definition	Nkọwa
Exhibition	Ngosipụta
Format	Format
Frame	Frame
Lighting	Ọkụ
Object	Ihe
Perspective	Nkwuo
Portrait	Eserese
Shadows	Onyinyo
Subject	Isiokwu
Texture	Ederede
Visual	Anya

Physics
Fiziks

Acceleration	Ogwu
Atom	Atom
Chaos	Ọgbaghara
Chemical	Chemical
Density	Okwu
Electron	Electron
Engine	Inji
Formula	Formula
Frequency	Ugboro Ugboro
Gas	Gas
Magnetism	Magnetism
Mass	Mass
Mechanics	Usoro
Molecule	Molekul
Nuclear	Nuclear
Particle	Ihe Baịbụl
Relativity	Mmetụta
Speed	Ọsọ
Universal	Universal
Velocity	Ọsọ Ọsọ

Plants
Osisi

Bamboo	Bamboo
Bean	Agwa
Berry	Berry
Blossom	Okooko
Botany	Botany
Bush	Bush
Cactus	Cactus
Fertilizer	Fertilizer
Flora	Flora
Flower	Ifuru
Foliage	Akwụkwọ Nsọ
Forest	Igbo
Garden	Oge
Ivy	Ivy
Moss	Moss
Petal	Petal
Root	Mkpọrọgwụ
Stem	Stem
Tree	Osisi
Vegetation	Ahịhịa

Professions #1
Ọrụ #1

Accountant	Akaụntụ
Ambassador	Ambassador
Artist	Omenkà
Attorney	Ọkaiwu
Coach	Onye Nkuzi
Doctor	Dọkịta
Editor	Onye Ndezi
Geologist	Geologist
Hunter	Hunter
Jeweler	Jeweler
Lawyer	Onye Ọkwu
Mechanic	Igwe Igwe
Musician	Egwu
Nurse	Nọọsụ
Pianist	Pianist
Plumber	Plumber
Tailor	Akwa Akwa

Psychology
Psychology

Appointment	Okwu
Assessment	Ntụle
Behavior	Àmà
Clinical	Clinical
Cognition	Nkwukwu
Conflict	Esemokwu
Dreams	Nrọ
Ego	Ego
Emotions	Mmetụta
Experiences	Ahụmahụ
Memories	Echeta
Perception	Akwụkwọ
Personality	Mmadụ
Problem	Nsogbu
Reality	Eziokwu
Sensation	Amaokwu
Therapy	Ọgwụgwọ
Thoughts	Echiche
Unconscious	N'Amaghị Ama

Rainforest
Oke Ohia Mmiri Ozuzo

Amphibians	Amphibian
Birds	Nnụnụ
Botanical	Botanical
Climate	Ihu Igwe
Clouds	Uwe Ojii
Community	Ogbe Mmadụ
Diversity	Iche Iche
Insects	Ahụghị
Jungle	Igbo
Mammals	Anụ Ara
Moss	Moss
Nature	Ɛke Ɛke
Preservation	Nchekwa
Refuge	Mgbaba
Respect	Nkwanye Ugwu
Restoration	Mweghachi
Species	Ụdị
Survival	Ịlanahụ
Valuable	Bara Uru

Restaurant #1
Ụlọ Oriri na Ọṅụṅụ #1

Allergy	Afefe
Bowl	Ụwa
Bread	Achịcha
Chicken	Ọkụkọ
Coffee	Kọfị
Dessert	Ọzara
Food	Nri
Ingredients	Efere
Kitchen	Ụlọ Ekwu
Knife	Mma
Meat	Anụ
Menu	Menu
Napkin	Napkin
Reservation	Ndokwa
Sauce	Sauce
Spicy	Oseose
Waitress	Echere

Restaurant #2
Ụlọ Oriri na Ọṅụṅụ #2

Cake	Achịcha
Chair	Oche
Delicious	Na-atọ Ụtọ
Dinner	Nri Abalị
Eggs	Akụ
Fish	Azụ
Fork	Fork
Fruit	Mkpụrụ Osisi
Ice	Ice
Lunch	Nri Ehihie
Salad	Salad
Salt	Nnu
Soup	Ofe
Spices	Ose
Spoon	Ngaji
Vegetables	Akwụkwọ Nri
Water	Mmiri

Science
Sayensị

Atom	Atom
Chemical	Chemical
Climate	Ihu Igwe
Data	Data
Evolution	Evolution
Experiment	Nnwale
Fact	Eziokwu
Fossil	Fossil
Hypothesis	Ekwu Okwu
Laboratory	Ụlọ Nyocha
Method	Uzo
Minerals	Mineral
Molecules	Molekul
Nature	Eke Eke
Particles	Ihe Baịbụl
Physics	Physics
Plants	Osisi

Science Fiction
Akụkọ Sayensị Emeghị Eme

Atomic	Atomiki
Books	Akwụkwọ
Chemicals	Chemicals
Cinema	Cinema
Clones	Mkpuchi
Dystopia	Distopia
Explosion	Mgbawa
Extreme	Okwu
Fantastic	Fantastic
Fire	Ọkụ
Futuristic	Futuristi
Galaxy	Galaxy
Imaginary	Echiche
Mysterious	Ihe Omume
Oracle	Oracle
Planet	Planet
Robots	Robots
Technology	Technology
Utopia	Utopia
World	Ụwa

Scientific Disciplines
Ịdọ aka ná ntị Sayensị

Anatomy	Anatomi
Biochemistry	Biochemistry
Biology	Ndụ Ndụ
Botany	Botany
Chemistry	Chemistry
Ecology	Ecology
Geology	Geology
Immunology	Immunology
Kinesiology	Kinesiology
Linguistics	Asusu
Mechanics	Usoro
Meteorology	Ihe ihu Igwe
Mineralogy	Ịnụrụ nke Ike
Neurology	Ụkọrụ Nwa
Nutrition	Nri Nri
Physics	Physics
Psychology	Psychology
Robotics	Robotics
Sociology	Sociology
Zoology	Zology

Shapes
Ụdị

Arc	Arc
Circle	Oge
Cone	Cone
Corner	Nkuku
Cube	Cube
Curve	Akwụkwọ
Cylinder	Cylinder
Edges	Edges
Ellipse	Ellipse
Hyperbola	Hyperbola
Line	Line
Oval	Oval
Polygon	Polygon
Prism	Prism
Pyramid	Pyramid
Rectangle	Retangle
Round	Gburugburu
Side	Akụkụ
Square	Square
Triangle	Triangle

Spices
Ngwa Nri

Anise	Anisọ
Bitter	Omume
Cardamom	Cardamom
Cinnamon	Cinnamon
Clove	Clove
Coriander	Coriander
Cumin	Cumin
Curry	Curry
Fennel	Fennel
Fenugreek	Fengreek
Flavor	Ụtọ
Garlic	Galiki
Ginger	Ginger
Licorice	Licorice
Nutmeg	Nutmeg
Onion	Yabasị
Paprika	Paprika
Saffron	Saffron
Salt	Nnu
Vanilla	Vanilla

Sports
Egwuregwu

Athlete	Egwu
Baseball	Baseball
Basketball	Bọọlụ Bọọlụ
Bicycle	Ịnyịnya Igwe
Championship	Ọsọmpi
Coach	Onye Nkuzi
Game	Egwuregwu
Golf	Golf
Gymnasium	Gymnasium
Gymnastics	Gymnastics
Hockey	Hockey
Movement	Movement
Referee	Referei
Stadium	Stadium
Team	Otu
Tennis	Tennis
Winner	Onye Mmeri

Technology
Nkà na Ụzụ

Blog	Blog
Browser	Nchọghari
Bytes	Bytes
Camera	Igwefoto
Computer	Kọmputa
Cursor	Cursor
Data	Data
Digital	Digital
File	File
Internet	Internet
Message	Ozi
Research	Nchọpụta
Screen	Ihuenyo
Security	Nchekwa
Software	Software
Virtual	Eziokwu
Virus	Nje

The Company
Ụlọ ọrụ Ahụ

Business	Azụmahia
Creative	Ekere
Decision	Mkpebi
Employment	Ọrụ
Innovative	Ihe Ọhụrụ
Investment	Ịchụ Ego
Possibility	Oke Ike
Presentation	Ngosipụta
Product	Ngwaahịa
Professional	Ọkachamara
Progress	Ọganihu
Quality	Ịdị Mma
Reputation	Eziokwu
Resources	Akụrụngwa
Trends	Akwụkwọ
Units	Units
Wages	Ụwa

Time
Oge

Annual	Kwa Afọ
Before	Tupu
Calendar	Kalenda
Century	Ná Nri
Clock	Ege
Day	Ụbọchị
Decade	Iri Iri
Early	Mgbe
Future	Ọdịnihu
Hour	Awa
Minute	Nkeji
Month	Ọnwa
Morning	Ụtụtụ
Night	Abali
Noon	Ehihie
Now	Ugbua
Today	Taa
Week	I Izu
Year	Afọ
Yesterday	Ụnyaahụ

Universe
Eluigwe na Ala

Asteroid	Asteroid
Atmosphere	Atmosphere
Celestial	Celestial
Cosmic	Cosmic
Darkness	Ọchịchịrị
Equator	Equator
Galaxy	Galaxy
Hemisphere	Hemisphere
Horizon	Horizon
Latitude	Latitude
Longitude	Longitude
Moon	Ọnwa
Orbit	Orbit
Sky	Sky
Solar	Anyanwụ
Solstice	Solstice
Telescope	Telescope
Visible	Apụta
Zodiac	Zodiac

Vacation #2
Ezumike #2

Airport	Ụgbọ Elu
Beach	Beach
Destination	Ebe
Holiday	Emume
Hotel	Hotel
Island	Island
Journey	Njem
Leisure	Ntụrụndụ
Map	Map
Mountains	Ugwu
Passport	Pasport
Photos	Foto
Reservations	Nkwesịrị
Sea	Oké Osimiri
Taxi	Taxi
Tent	Ụlọ Ntu
Transportation	Ụgbọ Njem
Visa	Visa

Vegetables
Akwụkwọ Nri

Artichoke	Atịchok
Broccoli	Brọkọli
Carrot	Karọt
Cauliflower	Kọliflawa
Celery	Celery
Cucumber	Kukumba
Eggplant	Eggplant
Garlic	Galiki
Ginger	Ginger
Mushroom	Ero
Onion	Yabasị
Parsley	Parsley
Pea	Pea
Pumpkin	Ugu
Radish	Radish
Salad	Salad
Shallot	Shalọt
Spinach	Akwụkwọ Nri
Tomato	Tomato
Turnip	Atụgharị

Vehicles
Ụgbọ Ala

Airplane	Ụgbọ Elu
Ambulance	Ambulance
Bicycle	Ịnyịnya Igwe
Boat	Ụgbọ Mmiri
Bus	Bus
Caravan	Caravan
Engine	Inji
Ferry	Ferry
Helicopter	Helicopter
Motor	Moto
Raft	Raft
Rocket	Robet
Scooter	Scooter
Shuttle	Mkpuchi
Submarine	Submarine
Subway	Subway
Taxi	Taxi
Tires	Tire
Tractor	Tractor
Truck	Ụgbọ Ala

Visual Arts
Nkà Anya

Artist	Omenkà
Chalk	Chalk
Charcoal	Uku
Clay	Ụrọ
Composition	Mgbe
Creativity	Okere
Easel	Easel
Film	Fim
Masterpiece	Masterpiece
Pen	Ihe
Pencil	Pencil
Perspective	Nkwuo
Photograph	Foto
Portrait	Eserese
Sculpture	Ọkpụrụkpụ
Stencil	Stencil
Wax	Wax

Water
Mmiri

Canal	Canal
Evaporation	Ewupu
Flood	Iju Mmiri
Frost	Frost
Geyser	Geyser
Humidity	Ihu Uru
Hurricane	Ajụjụ
Ice	Ice
Irrigation	Irrigation
Lake	Ọdọ Mmiri
Monsoon	Monsoon
Ocean	Ocean
Rain	Mmiri Ozuzo
River	Omiyị
Shower	Ọzọ
Snow	Mmiri Oyi
Steam	Uzuoku
Waves	Ebili Mmiri

Weather
Ihu Igwe

Atmosphere	Atmosphere
Breeze	Iku Ume
Calm	Ụyọkọ
Climate	Ihu Igwe
Cloud	Igwe Ojii
Drought	Ụkwu
Dry	Akọrọ
Fog	Fog
Hurricane	Ajụjụ
Ice	Ice
Lightning	Àmụmà
Monsoon	Monsoon
Polar	Polar
Rainbow	Egwurugwu
Sky	Sky
Storm	Igbo
Temperature	Okpomọkụ
Thunder	Egbè Eluigwe
Tornado	Tornado
Wind	Ifufe

Congratulations

You made it!

We hope you enjoyed this book as much as we enjoyed making it. We do our best to make high quality games.
These puzzles are designed in a clever way for you to learn actively while having fun!

Did you love them?

A Simple Request

Our books exist thanks your reviews. Could you help us by leaving one now?

Here is a short link which will take you to your order review page:

BestBooksActivity.com/Review50

MONSTER CHALLENGE!

Challenge #1

Ready for Your Bonus Game? We use them all the time but they are not so easy to find. Here are **Synonyms**!

Note 5 words you discovered in each of the Puzzles noted below (#21, #36, #76) and try to find 2 synonyms for each word.

Note 5 Words from *Puzzle 21*

Words	Synonym 1	Synonym 2

Note 5 Words from *Puzzle 36*

Words	Synonym 1	Synonym 2

Note 5 Words from *Puzzle 76*

Words	Synonym 1	Synonym 2

Challenge #2

Now that you are warmed-up, note 5 words you discovered in each Puzzle noted below (#9, #17, #25) and try to find 2 antonyms for each word. How many lines can you do in 20 minutes?

Note 5 Words from **Puzzle 9**

Words	Antonym 1	Antonym 2

Note 5 Words from **Puzzle 17**

Words	Antonym 1	Antonym 2

Note 5 Words from **Puzzle 25**

Words	Antonym 1	Antonym 2

Challenge #3

Wonderful, this monster challenge is nothing to you!

Ready for the last one? Choose your 10 favorite words discovered in any of the Puzzles and note them below.

1.	6.
2.	7.
3.	8.
4.	9.
5.	10.

Now, using these words and within a maximum of six sentences, your challenge is to compose a text about a person, animal or place that you love!

Tip: You can use the last blank page of this book as a draft!

Your Writing:

Explore a Unique Store
Set Up **FOR YOU!**

MEGA DEALS

BestActivityBooks.com/**TheStore**

Designed for Entertainment!

Light Up Your Brain With Unique **Gift Ideas**.

Access **Surprising** And **Essential Supplies!**

CHECK OUT OUR MONTHLY SELECTION NOW!

- Expertly Crafted Products -

NOTEBOOK:

SEE YOU SOON!

Linguas Classics Team

BESTACTIVITYBOOKS.COM/FREEGAMES